物联网新经济系列丛书

物联网与企业管理

INTERNET OF THINGS AND ENTERPRISE MANAGEMENT

邵泽华·著

中国经济出版社
CHINA ECONOMIC PUBLISHING HOUSE
·北京·

图书在版编目（CIP）数据

物联网与企业管理/邵泽华著．--北京：中国经济出版社，2021.9（2025.7重印）

ISBN 978-7-5136-6644-2

Ⅰ.①物… Ⅱ.①邵… Ⅲ.①物联网-应用-企业管理-研究 Ⅳ.①F272.7

中国版本图书馆 CIP 数据核字（2021）第 188695 号

责任编辑　贺　静
责任印制　李　伟
封面设计　任燕飞工作室

出版发行　中国经济出版社
印 刷 者　北京建宏印刷有限公司
经 销 者　各地新华书店
开　　本　710mm×1000mm　1/16
印　　张　15.75
字　　数　210 千字
版　　次　2021 年 9 月第 1 版
印　　次　2025 年 7 月第 2 次
定　　价　98.00 元
广告经营许可证　京西工商广字第 8179 号

中国经济出版社 **网址** www.economyph.com **社址** 北京市东城区安定门外大街 58 号 **邮编** 100011
本版图书如存在印装质量问题，请与本社销售中心联系调换（联系电话：010-57512564）

PREFACE

序

《中共中央关于制定国民经济和社会发展第十四个五年规划和二〇三五年远景目标的建议》① 中指出要“坚持把发展经济着力点放在实体经济上，坚定不移建设制造强国、质量强国、网络强国、数字中国，推进产业基础高级化、产业链现代化，提高经济质量效益和核心竞争力”，这一要求赋予各类网络和实体经济相当高的重要性。其中，物联网和实体企业分别作为网络和实体经济的代表，正是本书探讨的对象。

物联网是当今时代的重要“网络”之一，1999年最早提出物联网概念的凯文·艾什顿（Kevin Ashton）认为，物联网改变世界的潜力甚至比互联网更大②。物联网的出现，既是科技发展的产物，也是人类需求不断增长的结果。

物联网者，网络也，智慧也，人之感官和意志之延伸也。故用之管理也，用之生活也，不一而足。

本书是基于《物联网——站在世界之外看世界》中的理论而撰写的，是物联网理论在企业管理中的应用，因而要读懂此书需先理解何谓物联网。物联网是一种由万物相互连接而形成的网络，是可以进行信息互通的结构，更是一种智慧生存方式的彰显。人们可以在尊重规律的基础上与万

---

① 于2020年10月29日中国共产党第十九届中央委员会第五次全体会议通过。

② 叶美兰，刘永谋，等．物联网与泛在社会的来临：物联网哲学与社会学问题研究［M］．北京：中国社会科学出版社，2015：2.

物发生联系，使物理体系（物理空间）与信息体系（虚拟空间）对接，将自然世界与人类社会整合，让万物为我所用①，也就是让功能体系发挥更大的作用。

企业，是众生产要素联合之系统，独立之组织，也是人类以组织形式联系起自然与社会、改造世界之重要手段；管理，乃合理安排资源之工作，维持组织运行之职能也。

提到管理，一种常见的观点是“指挥他人用最好的办法去工作”，本书则丰富了“管理”的内涵，认为管理的主体既包括他人也包括自己，即他人作为管理者时，自己便成为被管理的客体；或自己作为管理者时，对自我和他人实施管理。遂将管理能力划分为被管理的能力、管理他人的能力和自我管理的能力，分别对应物联网中某一平台接受上层平台控制、对下层平台进行控制、对自身内部活动进行控制（称为“内闭环”）这三种运行方式。

将企业管理物联网化，使企业管理具备物联网结构，是让企业提高管理效率、促进其稳健运行的一大创新，能够为企业管理带来新的生命力。本书意在阐述企业在社会中的两大功能——经济促进功能和文化塑造功能，是如何在物联网中得到发挥的：其一，企业依托物联网结构，明确划分出对内、对外的物联网类型以及5个平台的职责，在每个具体的物联网里，用户平台均以其资源与需求为基础主导物联网的运行，其余4个平台基于自身需求、不同类型的能力或作用参与该物联网；其二，恰当选择运行方式，让5个平台将信息和资源按照需求进行相关处理，使信息和资源在物联网内高效、准确、安全地流转，通常大闭环的运行方式更有利于降低信息的错误率，而小闭环的运行效率更高，但内闭环的运行也至关重要；其三，通过前面两步使企业在行政、职能、业务等方面提高管理效

① 王治东．物联网技术的三个哲学向度［J］．哲学分析，2016（4）：65-72，198.

能，夯实企业内部文化基础，以更昂扬的姿态和强大的实力参与到社会文化和社会经济的建设中，融入更大的物联网。

在“十四五”开局之年，本书力图为现代实体企业的管理体系优化与企业的良好发展提供新的思路和参考意见，供广大物联网爱好者、企业管理者与基层员工等读者阅读。

最后，特作《菩萨蛮·物联网与企业管理》一词，以开篇明义，付之读者。

菩萨蛮·物联网与企业管理

道生天地阴阳克，
众人皆企方成业。
上下一条心，
万综由网行。

感知多控制，
管理要分级。
用户当无为，
十环各自归。

CONTENTS

目录

第一章 物联网与企业 /1

第二章 物联网的结构与职能 /7

第一节 物联网的五平台结构 /9

第二节 用户平台的职能 /11

一、主导物联网 /11

二、掌控物联网运行 /13

三、提供资源 /13

第三节 服务平台的职能 /15

一、参与物联网 /15

二、直接服务用户 /16

三、传输信息 /16

第四节 管理平台的职能 /18

一、参与物联网 /18

二、统一管理 /19

第五节 传感网络平台的职能 /23

一、参与物联网 /23

二、服从管理 /24

三、信息通信 /24

第六节 对象平台的职能 /25
一、参与物联网 /25
二、服从管理 /26
三、执行指令 /26

第三章 企业文化物联网 /27
第一节 企业参与的社会文化物联网 /30
一、企业参与的社会文化物联网的形成 /30
二、企业参与的社会文化物联网的结构 /34
三、企业参与的社会文化物联网的信息运行 /36
第二节 企业内部文化物联网 /40
一、企业内部文化物联网的形成 /40
二、企业内部文化物联网的结构 /43
三、企业内部文化物联网的信息运行 /46

第四章 企业参与的社会经济物联网 /47
第一节 以企业为用户平台的物联网 /51
一、买方主导 /51
二、卖方主导 /54
第二节 以企业为服务平台的物联网 /57
第三节 以企业为管理平台的物联网 /60
第四节 以企业为传感网络平台的物联网 /62
第五节 以企业为对象平台的物联网 /64
一、买方主导 /64
二、卖方主导 /66

第五章 企业内部经济物联网 /69

第一节 企业内部经济物联网的总体结构 /71

一、企业内部经济物联网的构成 /72

二、企业内部经济物联网的信息运行方式 /76

第二节 企业行政物联网 /89

一、企业行政物联网的参与者 /90

二、企业行政物联网一级网 /94

三、企业行政物联网二级网 /101

四、企业行政物联网三级网 /108

五、企业行政物联网四级网 /114

六、企业行政物联网五级网 /122

第三节 企业职能物联网 /129

一、企业职能物联网的结构 /130

二、企业职能物联网中各平台的职能 /131

三、企业职能物联网的运行 /134

第四节 企业授权业务物联网 /139

一、企业授权业务物联网的结构 /139

二、企业授权业务物联网中各平台的职能 /141

三、企业授权业务物联网的运行 /145

第五节 企业关联业务物联网 /147

一、企业关联业务物联网的结构 /148

二、企业关联业务物联网中各平台的职能 /148

三、企业关联业务物联网的运行 /150

第六节 企业自组物联网 /152

一、企业自组物联网的结构 /153

二、企业自组物联网中各平台的职能 /154

三、企业自组物联网的运行 /156

第七节　企业物联网网址 /160
一、企业物联网网址的构成 /160
二、寻找企业物联网网址的方法 /162
三、企业物联网网址的应用 /165

第六章　运用企业物联网解决管理中的实际问题 /173
第一节　官僚主义 /175
一、官僚主义的表现 /175
二、用企业物联网理论解读官僚主义 /176
三、官僚主义问题的解决方式 /185
第二节　事务主义 /187
一、事务主义的表现 /187
二、用企业物联网理论解读事务主义 /188
三、事务主义问题的解决方式 /191
第三节　教条主义 /194
一、教条主义的表现 /194
二、用企业物联网理论解读教条主义 /195
三、教条主义问题的解决方式 /197
第四节　形式主义 /200
一、形式主义的表现 /200
二、用企业物联网理论解读形式主义 /201
三、形式主义问题的解决方式 /202
第五节　经验主义 /205
一、经验主义的表现 /205
二、用企业物联网理论解读经验主义 /206
三、经验主义问题的解决方式 /208

第六节 “狼性文化” /210
一、“狼性文化”的表现 /210
二、用企业物联网理论解读“狼性文化” /211
三、“狼性文化”中问题的解决方式 /213
第七节 好人主义 /215
一、好人主义的表现 /215
二、用企业物联网理论解读好人主义 /216
三、好人主义问题的解决方式 /218
第八节 技术治理主义 /220
一、技术治理主义的表现 /220
二、用企业物联网理论解读技术治理主义 /222
三、技术治理主义问题的解决方式 /225
第九节 冒进主义 /226
一、冒进主义的表现 /226
二、用企业物联网理论解读冒进主义 /227
三、冒进主义问题的解决方式 /230
第十节 自由主义 /232
一、自由主义的表现 /232
二、用企业物联网理论解读自由主义 /233
三、自由主义问题的解决方式 /235

跋 /237

第一章

物联网与企业

古今万物皆相联。万物之间的联系自古皆存，直至现代才将“物联网”这一概念系统地提出、命名和界定。

世间万物是广泛联系的，不存在孤立的个体，个体内部、个体之间、个体与外界环境均存在各种各样的联系。世间万物都蕴含和传递着自身独特的信息，各种物理实体（万物）都是相互联系的，它们的循环往复就构成了复杂的物联网体系。“物联网”是在一定时间、空间内，信息以信息代码的形式伴随能量载体，使信息能够在物理实体之间传播并在物理实体上运行所表现出的功能状态[①]：“物”是指物理实体，“联”是指与物理实体相关的信息传输，“网”是建立网络后所表现出来的外在特性，是一种功能表现。世界是物联网的组合，世界上的各种现象是不同物联网运行的功能表现。

事物的普遍性寓于特殊性之中，作为社会组成部分之一的企业，也是一个物联网。要厘清“企业为什么存在?”“企业如何生存和发展?”“为什么要经营企业?”“企业发展的最终目的是什么?”这些问题，就需要厘清企业在社会经济文化中的角色与作用、企业发展与社会发展的关系、企业的内部机制和外部联系及其发展变化规律，即厘清企业这一物联网的结构和运行规律。

企业具备经济和文化双重属性。第一，纵观企业的诞生历程，它是社

① 邵泽华．物联网——站在世界之外看世界［M］．北京：中国人民大学出版社，2017：4.

会主义经济体制下市场经济活动的主要参与者，是社会发展到一定程度，基于降低市场交易成本、满足社会分工需求而产生的组织形式；第二，横观企业的分布与市场影响，各种企业并存，共同构成了社会主义市场经济的微观基础；第三，探求企业的本质属性，它是以营利为目的，运用土地、资本、劳动力、技术和企业家才能等各种生产要素，向市场提供产品或服务，实行自主经营、自负盈亏、独立核算的法人或其他社会经济组织。从这三个方面不难看出，企业具备的经济促进功能包含于社会经济物联网内。此外，企业在社会中承担一定的社会责任，是社会文化中的重要一环，它具有创造和传播文化的属性，每个企业都有其独特的企业文化，因此企业又包含于社会文化物联网中。

企业的经济与文化相互交融，总体上企业经济是为文化服务的。在微观层面上，即在企业自身的发展和内部各要素当中，文化是源，它决定了企业内所有的制度、组织、物质、技术、流程，后者是流。企业制定何种制度、采用何种组织方式、为社会生产何种技术产品或提供何种服务等，都取决于企业中制定制度的人员和其他员工的文化理念以及具备何种程度的文化素质。在宏观层面上，对于文化之源而言，企业文化是一种流，它源自传统文化、民族文化和世界文化。企业文化对于社会发展具有重要意义。企业文化是适应经济文化一体化时代要求的纽带；企业文化建设是坚持先进文化方向，促进物质文明和精神文明相结合的有效方式；企业文化是社会主义文化的生长点。①

企业的双重属性联通着企业的内部机制和外部社会。企业生存和发展的基础、经营管理的目的是通过提供产品或服务换取收入，从而使企业发起人、投资人、员工、客户乃至社会大众实现利益最大化，使其经济活动

① 经济文化一体化是指经济发展与文化发展相协调，经济发展为文化发展提供必要的物质基础，文化发展为经济发展提供强大的推动力量，可表现为经济文化化、文化经济化、文化经济复合化。孟凡驰．立足未来与世界建设新时代企业文化［J］．企业文明，2020（1）：24-27.

和企业文化获得社会的认可，赢得立足之地。在企业内部，企业与发起人、投资人、员工等存在关联；在企业外部，企业与其他企业、政府、客户、社区、社会大众等也存在着复杂多样的关联。企业在内外部所具有的各种联系就是物联网的体现，本书称其为“企业物联网体系”。

综上所述，企业物联网体系的结构包括企业参与的社会文化物联网、企业参与的社会经济物联网、企业内部的文化物联网以及企业内部的经济物联网。本书以结构的视角来介绍企业物联网体系，侧重于功能体系的5个平台。关于物联网的结构和5个平台的职能，将在下一章详细阐述。

本书后面的章节将涉及以下主体，在此略作说明：“企业”① 是指用作参照点的企业，是分析的立足点；“客户”和“业务管理者”（是对业务具备管理职能的人的统称）均可以包括政府、自然人、组织、其他企业等，“业务提供商”（是负责提供某种业务的人的统称）可以包括自然人、组织、其他企业等，它们的指代情况均视具体情境而定；“全体员工”包括企业的管理者和基层员工，不包括股东；“企业整体”（全体成员）则包括股东和全体员工。此外，其他主体为政府、社会大众等。

---

① 企业分为3类基本组织形式，分别为独资企业、合伙企业和公司制企业（以下简称“公司”，包括股份有限公司和有限责任公司），公司的组织架构最为齐全，是对经济影响较大的形式，因此本书只讨论公司制企业。

第二章

物联网的结构与职能

第一节　物联网的五平台结构

信息在用户物理实体和对象物理实体之间运行，表现出感知、控制、管理、服务 4 种功能状态，形成物联网的结构。[①] 物联网运行体系由信息体系、物理体系、功能体系三者共同构成，信息体系中的五域在物理体系中的五层中运行，表现为功能体系中的五平台，五域分别为用户域、服务域、管理域、传感域、对象域，五层分别为用户层、服务层、管理层、传感层、对象层，五平台分别为用户平台、服务平台、管理平台、传感网络平台以及对象平台，它们是一一对应的关系。物联网体现的是不同物理实体之间的信息交互关系，反映的是对象“服务”（从广义上来说，每个平台都在为用户平台提供不同类型的“服务”，做出不同的贡献。对象平台是间接服务用户平台，最终执行指令、提供服务的功能平台；而服务平台是直接服务于用户平台，接收用户平台的需求信息并传递服务信息的功能平台）用户的关系。功能体系是物联网的外在功能表现，是信息与物理实体交互的结果，本章重点阐述物联网功能体系的结构及职能。

首先来看功能体系中五平台的构成。用户、服务通信人员、管理人员、传感通信人员、实现感知和控制（执行）人员的集合分别称为用户平

① 邵泽华．物联网——站在世界之外看世界［M］．北京：中国人民大学出版社，2017：25.

台、服务平台、管理平台、传感网络平台和对象平台，每个平台都是物联网的一个要素。物联网中的信息拥有者为用户，用户对物联网信息拥有收集、存储、使用等权利，用户可以是不同行业或不同背景的自然人、企事业单位、政府机构等；服务平台由专业从事服务通信的人员组成，是连接用户平台和管理平台的枢纽，是承担两者之间通信传输任务的平台；管理平台由管理人员组成，是管理物联网、统筹物联网内信息运行、实现用户需求的必需环节；传感网络平台由专业从事传感通信的人员组成，是连接管理平台和对象平台、承担两者之间通信传输任务的平台；为满足用户的需求而执行管理平台的指令、接受管理的人员组成对象平台。

接下来探讨五平台组成物联网的内在动力和它们在物联网中应具备的作用。所有生物都具有一定的需求，满足自身需求是其行动的动力和目的，但其他事物不会主动来满足该生物的需求，只有该生物也能给其他事物提供相应的回馈时，它们之间的信息运行才是完整和通畅的。正如市场中的等价交换这一经济行为，社会学家彼得·布劳（Peter M. Blau，1918—2002）所界定的社会交换行为——当他人做出报答性反应就发生，当他人不再做出报答性反应就停止的行为。物联网中的五平台都有自身的需求亟待满足，各平台在物联网中分别表达自己的需求，并通过自身所具备的职能为其他平台以及整个物联网的运行做出一定贡献，最终在物联网中满足自身的需求。

在物联网中，用户平台的需求为主导性需求，它能提供资源并主导物联网；服务平台、管理平台、传感网络平台和对象平台的需求为参与性需求，它们参与物联网，为用户平台和物联网分别做出服务、管理、传感、执行等贡献。

第二节 用户平台的职能

物联网用户可以是不同行业或不同背景的自然人、企事业单位、政府机构等，他们主导物联网的组建，制定物联网的运行规则，掌控其运行，提供相应资源，选择、确定并授权给管理平台。用户平台在依靠物联网满足自身需求的同时也在满足其他功能平台的参与性需求。

一、主导物联网

1. 用户主导性需求

用户的需求是物联网中的主导性需求，故用户是物联网形成的导向，是物联网组建的基础，是物联网中必不可少的主体，在物联网中发挥着主导作用。

物联网用户在明确自身需求后，为了追求需求的实现，需要组建物联网。物联网用户的需求多种多样，因此在寻求需求实现的过程中便可形成无数个功能不同但结构统一的物联网。

2. 组建物联网

用户需求的实现，需要特定对象为其实现感知和控制功能并最终提供服务，用户寻找对象为其执行感知和控制信息、进行服务的过程即物联网组建的过程。

在物联网中，为了最大限度地发挥不同平台的功能，就需要把具备不同专业能力的平台放置在合适的位置，让用户平台来把控好方向并进行最高决策，对象平台则高效执行。在物联网中，平台的层级不同、位置不同，对具体信息的把控程度和技能要求也均不同，层级越高的平台，对信息的把控越笼统，越无须进行精细化的操作和运算。因此，对象平台通常无法直接接触用户平台，也无法准确理解用户需求信息；反之亦然，用户平台同样无法直接理解对象服务信息。用户和对象之间需要一个掌握完整信息、具备管理能力的平台——管理平台，由管理平台作为桥梁将信息传输给对象平台，此时满足用户需求的物联网机制就被进一步触发了，它的进一步流程具体表现为：当用户通过相应的信息传输方式向管理平台传输和表达自身需求时，此信息传输方式便形成物联网中的服务平台；管理平台需要通过相应的信息传输方式为用户寻找对象，并传达用户的需求，此信息传输方式便是传感网络，形成物联网中的传感网络平台。

用户平台、服务平台、管理平台、传感网络平台和对象平台基于各自不同的需求参与物联网，但都以推动用户平台的需求实现为最终共同目标。各功能平台通过有序组合，形成协调运作且各自需求得到满足的物联网。

3. 确定管理平台

用户与对象之间是主导与服从、提出需求与执行指令、被服务和最终提供服务的关系。由于上文提到了用户与对象通常无法直接相连，它们之间还需要管理平台来连接，管理平台是用户平台意志的集中体现并在这种意志下运作。管理平台可以对整个物联网的信息及物理实体进行管理，能向对象平台传输汇总和解析过的用户需求信息，向用户平台传输经过处理的对象服务信息。因此，用户对物联网的主导还体现在根据自身需求寻找和确定合适的管理平台，并最终授权给管理平台。

4. 授权管理平台

用户确定管理平台后，需要将物联网完整信息的收集权、存储权、加工权等授予管理平台，由管理平台在用户授权的前提下统一管理和调控网内其他功能平台的信息运行。

二、掌控物联网运行

用户是物联网的掌控者，拥有制定物联网运行规则的权力，掌控着物联网的有序运行。

1. 制定规则

在物联网中，信息的拥有者为用户，物联网的组建和信息的运行均是为了满足用户需求而进行的，用户具有选择物联网信息收集方式、存储方式、使用方式、信息运行方式等方面的权力，即制定物联网运行规则的权力。

2. 掌控运行

用户在完成物联网运行规则的制定后，便依靠这些规则来掌控物联网信息的运行。物联网各功能平台对信息的处理方式均受用户的掌控，具体包括：物联网信息的运行是否符合规则，物联网各功能平台的能力是否能够满足用户需求，各功能平台在外接云平台进行网外计算时是否合规，等等。用户通过掌控物联网体系的运行，促使各平台发挥功能，实现用户的主导性需求和各平台的参与性需求。

三、提供资源

用户之所以能主导物联网体系的运行，最核心的条件便是用户能够提供其他功能平台所需要的资源。其他功能平台参与到物联网中，在保证实现用户主导性需求的基础上，希望能够获取资源满足自身的参与性需求。

正如前文提到的社会交换行为，其他功能平台对用户主导性需求的满足，实际上是对用户所提供资源的交换与回应。在物联网中，资源与需求在5个平台上实现了双向整合。

第三节 服务平台的职能

服务平台由用户确定，根据用户的需求而产生，并伴随用户平台而存在。服务平台的职能包括：参与物联网、服务用户、传输信息。服务平台通过履行上述职能，保障物联网中用户平台和管理平台之间信息传输的准确性和有效性，以助推用户需求的实现。

一、参与物联网

1. 参与性需求

服务平台根据自身需求参与物联网的组建。服务平台的需求为物联网中的一种参与性需求，以用户的主导性需求为前提，伴随用户主导性需求的实现而实现。

服务平台在参与物联网的组建时，需要发挥自身功能，在为物联网内用户提供直接服务的基础上，获得用户的资源以满足其参与性需求。

2. 获取并传递资源

服务平台参与物联网的组建时，在与网内用户协商的前提下，运用自身的信息传输能力换取用户提供的资源。服务平台在与用户达成参网协议、资源已获取的情况下，接受用户的控制，为用户主导性需求的实现提供信息传输服务。

并且，服务平台将进一步利用已获取的资源——包括两部分：一部分是属于服务平台且可以用于网外的；另一部分是在其他平台需要时可用于网内的，通过扮演好网内的角色，将资源传递下去，实现自身参网时的目的，满足自己在生产生活中的需求。

二、直接服务用户

服务平台以用户的需求为导向，接收用户的控制信息，组织和开展该平台的相关业务，为用户提供直接的服务。

服务平台作为用户平台对外联系和最终获取服务的必要功能平台，需深刻理解用户指令，充分把握目标，实现信息的有效传输，为用户对外联系和最终获取服务提供通信支撑。

三、传输信息

服务平台的传输功能，是指服务平台在完整、准确、充分地感知用户平台和管理平台双方所发出信息的前提下，运用自身的沟通服务能力，为用户和管理平台之间的信息交互提供传输服务，把用户的需求和指令向管理平台传达到位，同时把必要的信息整理好后向用户汇报和反馈。

1. 传达指令（控制信息）

物联网服务平台承担着传达用户平台指令的职能。服务平台居于用户平台和管理平台之间，其主要作用是联结用户平台和管理平台，向管理平台传达用户的控制指令，使用户平台的需求能够传达到管理平台甚至之后的平台，以便用户平台能够调控管理平台的工作，最终实现用户的需求。

但需着重说明的是，用户平台处于物联网的最高层级，更注重物联网运行的整体效果（用户平台的需求是否得到满足），这就使得层级上最接近用户平台的服务平台所收集和传递的控制信息也偏于笼统、抽象，服务平台不会对信息进行过于复杂的处理，以致传递下去的仅是经过简单处理和过滤的用户需求信息和控制信息。

2. 反馈感知信息

物联网服务平台还承担着反馈管理平台信息的职能。服务平台将管理平台发出的感知信息反馈给用户，在这一过程中，服务平台会进行简单的处理，以方便用户平台能从各类信息中较为快速而准确地把握主要信息，使用户能够明确掌控物联网的整体运行情况和了解各平台的状态，从而主导物联网的运行。

第四节 管理平台的职能

管理平台根据用户制定的规则，在物联网内开展管理工作，将物联网中信息的运行标准化、规范化、秩序化，协调物联网内部各平台之间的关系，为用户平台、服务平台、传感网络平台和对象平台之间的信息交互行为注入管理智慧。

管理平台的主要职能包括参与物联网和在授权下进行管理①，后者具体包括分析用户需求、策划和统筹、组织和安排、指挥和指导、协调、管控执行。管理平台通过履行上述职能，保证物联网信息运行的规律性和有效性，达到实现用户需求的目标。

一、参与物联网

物联网在用户的发起和主导下组建和运行，其他平台在各自需求的作用下参与物联网的组建，以实现自身需求为目的进行信息交互。其中，管理平台在参与物联网的组建时，需要物联网中的用户提供能满足管理平台需求的资源，并在此基础上发挥自身的管理功能，帮助用户实现对物联网

① 法国管理学者法约尔最早提出管理的要素，将管理的要素分为计划、组织、指挥、协调和控制。[法] H. 法约尔. 工业管理与一般管理 [M]. 北京：中国社会科学出版社，1982：46-122.

中各类信息和资源的专业管理。

1. 参与性需求

在物联网中，管理平台是最关键的参与者。物联网内管理平台有其自身的职责，它的主要功能是为网内用户管理物联网的信息运行。激发管理平台功能发挥的是其社会参与感、成就感等动力和对物联网有序、可靠运行的愿景，管理平台需要获得网内用户给予的机会、资源等才能支撑自己从事其他活动，最终满足自身的参与性需求。总之，管理平台根据自身需求及具备的管理能力参与物联网的组建。

2. 获取和分配资源

管理平台参与物联网的组建，主要目的在于获取网内用户提供的资源。在物联网的组建过程中，管理平台凭借自身的管理能力，换取物联网内用户提供的资源。与上文中所提到的服务平台获取的资源一样，管理平台所获取的资源也可分为两类，它可将属于自己独有的资源用于开展网外的生产生活活动。

在物联网中，管理平台在与用户达成参网协议、获得用户授权的前提下，发挥自身价值，开展物联网管理工作，为用户主导性需求的实现提供信息和资源的统一管理、促进物联网运行等服务，并将整个物联网运行所必需的资源进行合理分配，同时实现自身参网时的目的。

二、统一管理

1. 分析用户需求

分析和掌握用户需求是管理平台为用户进行统一管理的基础。用户的主导性需求是物联网产生和组建的根源，其需求的实现也是物联网内各平台运行的目标。

管理平台作为整个物联网信息运行的管理者，只有能够准确、清晰、全面地分析和掌握用户需求，才能严格贯彻和落实用户制定的规则，为用户寻找满足其需求的特定对象，推动整个物联网信息的有效、有序运行。

2. 策划和统筹

在物联网中，用户平台提出自身需求，指定管理平台后，其他围绕用户平台需求实现的具体工作则由管理平台进行统一设计和规划。管理平台的策划和统筹功能，是指管理平台以实现用户平台的需求为出发点，统筹设计和规划物联网中信息的运行及各平台的职能。管理平台要能够站在其他各平台之上，根据用户的需求策划和统筹物联网的总体运行，防止各平台自行发展产生不良后果。

用户平台主导物联网的运行，掌控着物联网中的信息，在用户的授权下，整个物联网信息的运行由管理平台进行策划和统筹。管理平台在物联网中处于中心位置，拥有物联网中所有信息的管理权，能够全面掌握物联网中各平台信息的运行状况，在明确定位用户需求的基础上，发挥其策划和统筹功能，根据各平台参与组网时的需求，平衡各平台的利益关系，规划服务平台、传感网络平台和对象平台的具体工作。

3. 组织和安排

管理平台具有组织和安排其他平台工作的职能。管理平台在用户的授权下，在组网的过程中为用户寻找特定的对象平台，将其作为用户平台指令的执行者。在此过程中，管理平台须按照用户制定的规则，合理安排各平台的具体任务，组织开展物联网管理工作，保证物联网体系的运行。管理平台组织建立行政机制，确定各平台参与者的职位、职责和职权，以有效地实现用户平台既定的管理目标和任务。同时，管理平台也同外网保持密切的联系，以促进用户平台需求的达成。

4. 指挥和指导

在物联网中，管理平台按照用户制定的规则，根据体系运行的需求，在用户的授权下，指挥和指导其他平台的工作。

相比之下，管理平台对于用户需求的理解和掌握较其他平台更为直接和全面，能够根据用户需求来衡量各平台工作计划的完成情况和具体目标指向并进行指挥。在各平台自身运作比较完善的地方，管理平台无须干预；但是当服务平台、传感网络平台和对象平台在工作中遇到障碍或对用户平台需求的理解出现偏差时，管理平台需要发挥指导功能，站在管理位置给予其他各平台相应的工作指导和建议，保证物联网内信息的合理有效运行。

5. 协调

物联网具有明确的目标导向、严谨的结构和协调的信息运行体系，物联网中用户平台发出的指令，必须由各参与组网的平台逐级落实才能最终执行。

管理平台的协调作用具体表现为，管理平台除了自身要落实用户平台的指令外，还要在策划和统筹、组织和安排、指挥和指导的基础上，协调各平台的资源配置，有意识地协调平台间的相互关系，将物联网内部各个平台要素联结成有机的整体，使各平台参与者的能力得到合理运用，确保物联网内各平台协调运作，保持物联网内良好的信息运行环境，使用户平台制订的计划、措施、规则等得以实现。因此，一个有效的管理平台，不仅是一个实干的管理者、一个能够贯彻落实的管理者，而且必须是一个具有全局观且能够自律的管理者，能够协调物联网中所有平台目标一致地前行。

6. 管控执行

管理平台的管控执行功能，是指管理平台依据自身权责来全面管理物联网体系的运行，并对对象平台的行为进行控制和约束，使对象平台的行为符合物联网体系的运行规则。

在物联网中，用户平台授权管理平台对物联网体系进行管理，因此管理平台在物联网中应当起到监督和管控的作用，按照物联网运行规则、各平台的规范等，监督各平台功能的发挥，把控和纠正各平台与实现用户平台需求相背离的行为。当然，管理平台的管控执行功能必须是在一定范围内行使的，不能无限扩大，不能超越自身权责干涉各平台的内部运行。

第五节　传感网络平台的职能

传感网络平台根据用户的需求，在用户的授权下，由管理平台组织产生。传感网络平台的职能包括：参与物联网、服从管理、信息通信。传感网络平台通过履行上述职能，保证物联网中的管理平台和对象平台之间信息传输的及时性和准确性。

一、参与物联网

1. 参与性需求

传感网络平台在管理平台的组织下，根据自身需求参与物联网的组建。与其他平台的情况一样，传感网络平台需要以实现用户平台的需求为目标，在发挥自身职能的前提下，伴随用户平台主导性需求的实现而实现其自身的参与性需求。

2. 获取和传递资源

传感网络平台参与物联网的组建时，将自身的需求融入其中，在管理平台的组织下与用户平台达成参网协议，接受管理平台的统一管理，并在与网内用户平台协商的前提下，通过自身的功能表现——为管理平台和对象平台提供信息通信通道，从而从用户平台获取资源。在对象平台需要资源时，传感网络平台将获取的资源传递下去，并将属于个人所有的资源用于开展网外的生产生活活动，以满足自身的其他需求。

二、服从管理

在组网过程中，传感网络平台由管理平台在用户平台的授权下确定和组织，是管理平台为用户平台寻找特定对象平台的通信端口。传感网络平台必须以用户的需求为导向，在管理平台的安排和指导下开展业务，服从管理平台的统一管理，成为管理平台与对象平台之间的通信支撑。

三、信息通信

在管理平台的统一管理下，传感网络平台基于对管理平台和对象平台双方所发出信息的充分、明确、清晰的认识和处理，运用自身的沟通和服务能力，为管理平台和对象平台之间的信息交互提供通信通道，把对象平台发出的感知信息向管理平台传输，同时把管理平台的控制信息向对象平台传输。

传感网络平台与服务平台都具有信息通信功能，但它们的不同之处在于：第一，两者所附属的平台不同，一个附属于管理平台，另一个附属于用户平台；第二，所传递的信息量和复杂程度不尽相同，传感网络平台需系统地处理大量来自对象平台感知的原始信息，并将关键信息或不太明确的信息上传给管理平台处理和决策，同时下发易于对象平台理解和执行的控制信息，服务平台相对而言传输的信息则更为笼统、宏观、抽象。

第六节 对象平台的职能

用户平台和对象平台分别是物联网中的两极，对象平台是用户平台最终服务的提供者。“合抱之木，生于毫末；九层之台，起于累土；千里之行，始于足下。”在物联网组建起来以后，对象平台所发出的感知信息是整个物联网中信息运行的基础。对象平台在物联网中不可或缺，它是木之毫末、高台之基、足下之始。

一、参与物联网

1. 参与性需求

对象平台为了满足自身的参与性需求而参与物联网的组建，对用户平台需求的实现做出响应，并通过传感网络平台将响应反馈于管理平台，在传感网络平台的支撑下与管理平台进行沟通。

2. 获取资源

对象平台并不能凭空为用户平台提供服务，服务的前提是对象平台必须具有相应的资源和能力，这些资源（在网内工作所需的资源，以及维持网外一些活动所需的资源）需从用户处获得。对象平台将获得的资源进行处理和转化，凭借自身的能力为用户平台服务，提供用户平台所需要的感知信息，这一过程既是满足用户平台主导性需求的过程，也是获取资源实现其自身参与性需求的过程。

二、服从管理

对象平台作为物联网的一部分，是用户服务需求的响应者和最终提供者。若对象平台开展服务工作的过程不受相应的规则约束，则其在获取资源后，所回馈的服务就有可能无法满足用户平台的需求，造成服务效率低下的后果，甚者损害用户平台的利益。因此，对象平台在物联网中的行为必须以用户平台制定的规则为准绳，服从管理，不可随意运行。

三、执行指令

对象平台是处于物联网中末端的平台，它在管理平台的统一管理下，按照物联网的运行规则开展工作，接收且严格执行管理平台下发的指令，并以相应功能的形式表现出来，只有如此才能最终满足用户平台的需求。在这个过程中，各种执行指令是层层下发的，归根结底是用户平台下发的指令，管理平台负责在授权下落实。

第三章

企业文化物联网

在物联网理论中，万物互联，世间万物均能组成一个个互联网。社会是物联网，文化也是物联网。文化物联网是社会物联网的一个分支。究其根本，文化物联网是人与人之间信息的横向交互（传播）与纵向交互（传承）的结果。深究“文化”一词的源头，可以看到“文化”的原初意义就指向了一种交错复杂的关系。“文”的本义，是指各色交错的纹理，《周易·系辞下》载道：“物相杂，故曰文。”“化”的本义为改易、生成、造化，《庄子·逍遥游》中提到“化而为鸟，其名为鹏”；《礼记·中庸》中则有“可以赞天地之化育”。从字面意思来理解，“文化”是各种要素相互交织、共同作用的结果。“文化”一词最早出自《周易》，《周易》载：“观乎天文，以察时变，观乎人文以化成天下。”“天文”，即天道自然规律，“人文”，即人伦社会规律。因此，“观乎人文以化成天下”就表明社会生活中人与人之间纵横交错的关系构成了复杂的网络，“文化”本身就蕴含了万物网相连之意。在《周易》中，“以文教化”之意已十分明确。教化一般指精神层面的造就，文化作为一个物联网，常常对人产生潜移默化的影响。

物联网的五个功能平台——用户平台、服务平台、管理平台、传感网络平台、对象平台，每一个平台之间都具有紧密的关系。其中，每一个平台都是客观存在的，每一个平台都有“文”本初的含义——纹理，而物联网的运行——平台与平台之间的感知与控制，则使“文”演变成“文化”。万物都处在网中，“文”的外延囊括了世界上有形与无形的事物，即文化物联网。文化物联网涉及文化与人的关系。在社会生活中，企业作为一个营利组织，产生经济效益，这部分会在第四章、第五章中，从企业在社会经济中的定位深入企业内部的运作展开详细的阐述；企业作为一个文化共同体，则在贴合社会主流的前提下塑造适合自身发展的企业文化，本章将阐述企业文化对社会文化的作用以及对企业内部的作用。

企业文化，是指在企业长期的生产经营活动中，企业全体员工共同的需求以及满足这种共同需求的方式被抽象化的总和。在社会文化物联网中，企业凭借自身文化作为其中的一个组成部分，是促进社会文化发展的一个参与主体；同时，企业在参与社会文化物联网的过程中也增强了自身的社会责任感和使命感，从而进一步增强其文化影响力，这些文化都会对企业内部的成员和各种规章制度产生影响。

第一节 企业参与的社会文化物联网

企业参与的社会文化物联网与其他主体参与的社会文化物联网都是整个社会文化物联网下面的次级物联网，其最大特点是企业作为文化输出的重要平台，是该网中的对象平台。下面将阐述企业参与的社会文化物联网的形成、结构和信息运行。

一、企业参与的社会文化物联网的形成

1. 社会大众用户平台的形成

在社会活动中，文化类信息的交互和联系形成了社会文化物联网。社会的快速发展，带动了社会意识形态的变化和各种精神文化的不断丰富与完善，并使它们呈现出多元化的发展趋势。物质水平的提高，带动了人们

精神文化需求的增长。马斯洛在《人类动机理论》一书中把人的需求分为生理需求、安全需求、爱的需求、尊重的需求和自我实现的需求，某一层次的需求相对满足了，就会向高一层次发展，追求更高一层次的需求就成为驱使行为的动力。社会大众对文化的需求就是相对高层次的追求。

司马迁在《货殖列传序》中说道："仓廪实而知礼节，衣食足而知荣辱。"这与马斯洛的需求层次理论不谋而合，经济富足、生命无虞将极大地促进精神文化的发展。在我国有成千上万家企业，企业作为吸纳就业的重要载体①之一，在经济上造福了社会大众，让社会大众得以找到就业机会开展劳动。前文提到，企业文化是其全体员工在长期的生产经营活动中，形成的共同需求以及满足这种共同需求的方式被抽象化的总和。社会大众到企业谋求生存，进而共同创造了职场文化、加班文化、职业成就感等文化；企业在为社会大众提供产品和服务的过程中，不可避免地涉及交易，进一步衍生出诚信文化、企业声誉与形象、企业社会责任感等文化；企业中的新技术、新产品、新工艺、新材料、新的服务内容等不断地改变着生产和生活方式，其创新思想、创新文化为社会大众所需要，与社会大众息息相关……这些均表明企业与社会文化关系密切，企业是社会文化物联网中不可或缺的一个角色，企业参与的社会文化物联网不断迸发出生机与活力。

在企业参与的社会文化物联网中，社会大众的上述诉求成为主导性需求，进而形成了该物联网中的用户平台。

2. 服务平台的形成

在企业参与的社会文化物联网的运行过程中，社会大众要获取、了解

① 2018 年年末，我国就业人员增加到 77586 万人，其中第二、第三产业就业人员占比分别为 27. 6%和 46. 3%。第三产业、中小微企业和民营经济成为吸纳就业的主渠道，中小微企业吸纳就业人员达 23300. 4 万人。吸纳就业人数是指在报告期内增加的员工人数，员工总数包括以前的人数加上吸纳就业人数。国家统计局人口司．就业规模不断扩大 就业形势长期稳定［EB/OL］．［2019-08-20］．国家统计局官网，http：//www. cssn. cin/jix-yyjjx/yyjjx-tjx/201908/t201908310_4965347. shtnml

和运用一些文化知识的时候，需要一个平台来汇集各种文化信息，如书籍、图书馆、博物馆、各类搜索引擎和网站、学校的运营者等，本书将具有这一平台作用的对象称为“服务运营商”。社会文化的传播和传承则由相应的“服务运营商”来完成。

当社会文化无法传播、无人传承时，这一种文化就会逐渐式微、消失。因此，社会文化存在传播需求，需要依靠相应的服务运营商为其提供文化传播服务。例如，学生需要学校中教师的言传身教，现代社会中的大众需要快速集成信息的网站、App 运营商所打造的产品和提供的查询服务等。从商务的角度出发，服务运营商将文化传播服务作为一种商业模式，希望能够为更多的社会大众提供文化传播服务，从其中有文化需求的社会大众处获取相应的收益。这样，服务运营商在实现自身运营业务规模不断发展壮大、获取更多的业务收益这种需求的驱动下，参与物联网，形成服务平台。

3. 管理平台的形成

在企业参与的社会文化物联网中，存在纷繁复杂的文化，对文化进行管理是保证其高质量传播和运行所必不可少的条件，否则社会文化的发展容易偏离社会的主旋律，导致其无序传播。因此，各类文化载体、文化业务需要业务管理者的统一管理，以协调社会文化的动态运行，加快整个社会文化物联网的有效运转。

这就是管理平台存在于该物联网中的必要性。业务管理者可以通过与物联网中相关方的联系，对社会大众的需求进行解读，同时把握相关方的需求以推动它们参与组网，并凭借自身优势为社会大众的需求实现提供相应的管理分配服务，同时也为自身的发展创造条件，在参与的过程中实现自身的重要需求，这样就形成了该物联网的管理平台。

业务管理者作为一个管理平台，在参与过程中不仅提升了自身的知名度、获取了商业利益，也为社会文化的有效传播提供了便利条件。

4. 传感网络平台的形成

互联网的出现让社会大众可以通过电子信息代码的形式，实现信息快速、高效和大范围的传输与交互。传感网络运营商希望借此使自身运营的网络拥有更多的使用者，以获得尽可能多的经济收益，拓宽企业的知名度。另外，从各类文化载体、文化活动中采集的信息也需要一个传感通信通道，以实现信息的传递，发挥其影响力。在企业参与的社会文化物联网的运行过程中，传感网络运营商凭借为社会大众的文化交流提供互联网传感通信方式并协助其管理，同时也在自身需求的驱动下，参与组网，形成传感网络平台，为该物联网提供传感通信支撑。

5. 企业对象平台的形成

企业参与社会文化物联网，是出于树立企业形象、提高品牌忠诚度和竞争力等方面的需求，能够全面而准确地对外展示、传播本企业的文化，最终在社会大众心目中留下一个美好印象，这对企业的发展至关重要。同时，企业参与社会文化物联网也是为了满足社会大众的文化需求，推动社会精神文明建设，促进社会文化的进步。企业参与社会文化物联网，并不是一种单向的文化输出，社会大众隐性授权给对象，他们也希望能有优质的企业文化来促进个人和社会的发展，因此，企业会与社会大众进行双向的文化交流。企业对象平台由此形成。

文化传播是企业为社会大众提供最终服务的重要方式。企业文化只有通过有效的传播，才能真正对企业的发展起到促进作用，并且为社会大众所了解和运用。企业文化对外传播的途径有：企业文化的主动输出式传播、企业文化的示范传播、企业文化的交流合作。有效的文化传播可以为企业的发展创造良好的环境；为企业创造文化品牌，提升产品或服务品牌的附加值；增强客户或消费者对企业和品牌的忠诚度与依赖感，并以文化的感召力影响社会。

二、企业参与的社会文化物联网的结构

企业参与的社会文化物联网由社会大众用户平台、服务平台、业务管理者管理平台、传感网络平台、企业对象平台组成，如图 3-1 所示。依照企业参与的社会文化物联网的形成逻辑，企业是社会文化物联网的重要参与者，也是进行社会文化物联网建设的重要力量。企业参与的社会文化物联网是企业文化物联网中的外部网络，是其内部网络进行社会传播和延伸的结果。在企业参与的社会文化物联网中，社会大众因自身的主导性需求而组网，服务运营商、业务管理者、传感网络运营商、企业则根据参与性需求进入该物联网，形成如图 3-1 所示的企业参与的社会文化物联网的结构。

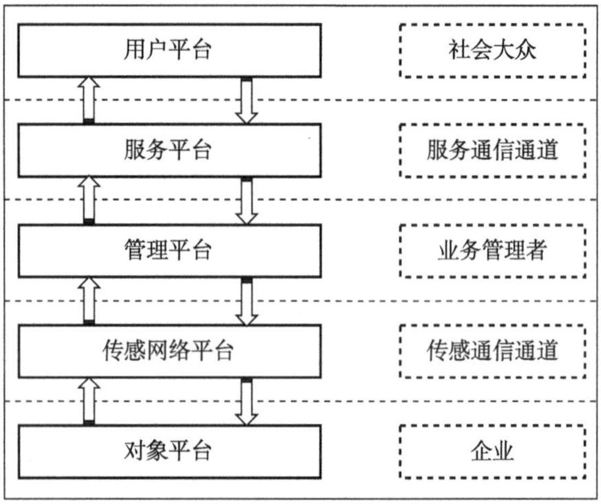

图 3-1　企业参与的社会文化物联网的结构

1. 社会大众用户平台

一般来说，社会大众是指人民大众或者居民中的大多数，在企业参与的社会文化物联网中，社会大众则主要是在企业的商业活动中与企业所塑造的品牌文化及形象发生关系的各种群体的总称，包括媒介、社团、政府、社区公众等，通常与企业存在显性或隐性的利益关系。社会大众作为

用户平台，主导着社会对于企业文化的接受程度，会对企业文化的运行产生影响，这种影响是两面性的，它既可能有助于企业树立良好的形象，也可能以低评价、拒绝企业文化的输出等形式来削弱企业的品牌影响力。

因此，企业要想成为能满足社会大众文化需求的对象，进入社会文化物联网中，必须争取社会大众的支持和信赖，处理好与主要社会大众的关系，不断进行文化创新，提供优质的文化服务。

2. 服务平台

在企业参与的社会文化物联网中，服务平台由各种服务运营商搭建的服务通信通道构成，如上文提到的快速集成信息的网站、App 运营商所打造的产品和提供的查询服务。

用户平台可以通过服务平台中的这些服务器或服务系统连接管理平台，接收和传递相关文化信息。服务平台的功能一是整合企业对象平台中的相关文化资源，获取资源并向业务管理平台传递资源；二是简要处理管理平台上传的信息资源，向用户平台提供服务，满足社会大众用户平台的需求。

3. 管理平台

企业参与的社会文化物联网是在业务管理平台的统一管理基础上形成的，社会大众用户平台需求的满足也主要依靠受其隐性授权的管理平台，通过管理平台组织特定的服务平台、传感网络平台、对象平台为其提供服务。管理平台需集管理、收集、储存和处理多方数据信息，整合多类庞杂的数据资源，为其他平台协调信息与资源的配置等功能于一身。因此，管理平台需设置业务管理者、管理数据库和管理服务器等物理实体，依托这些物理实体对企业参与的社会文化物联网进行统筹，协调各个平台共同为用户服务。

4. 传感网络平台

在企业参与的社会文化物联网中，传感网络平台连接着管理平台和对象平台，从企业对象平台中采集和汇总各类信息，并将采集到的信息进行整合，实现各类信息向管理平台的传递；接收管理平台的信息，向企业对象平台传递信息与指令。传感网络平台实现这些功能的物理实体有通信模块、网关、网络、传感数据库等，它们共同在管理平台的组织下运作，连接和传递社会大众所需的企业文化资源，为社会大众提供文化服务。

5. 企业对象平台

面对整个社会对企业文化的需求，企业主要处于对象平台的位置，它以自身形象、品牌等文化响应社会大众的诉求。在企业参与的社会文化物联网中，对象平台即各类具有自身文化的企业，它们最终为社会大众用户平台提供服务。也就是说，在管理平台的统一安排下，企业以其文化服务于有相应需求的社会大众用户平台，提供社会大众用户平台所需要的信息。

三、企业参与的社会文化物联网的信息运行

按照发起方进行划分，物联网中的信息分为感知信息和控制信息两个属性。对于企业参与的社会文化物联网，其整体功能需要依靠物联网内文化感知信息和文化控制信息的闭环运行来实现。社会文化感知信息由企业对象平台发起，社会文化控制信息由社会大众用户平台发起。

前文也提到了在企业参与的社会文化物联网中，企业的主要功能是在对象平台上发挥，但企业也可以承担服务平台、管理平台、传感网络平台的功能，因此，企业会以 8 种功能发挥形式来满足社会大众用户平台的需求。下面主要选取 4 种形式来说明企业参与的社会文化物联网的信息运行。

1. 企业作为对象平台

在企业参与的社会文化物联网中，企业作为对象平台，它发出的文化

感知信息在信息域中的运行过程如下。

企业对象平台的信息以感知信息的形式发出，例如，企业感知到一部分人需要诚信经营的文化，企业便将自身关于诚信的事例、财报公开行为、尽责且到位的售后服务等相关信息进行整合，处理和汇集成（诚信经营）文化感知信息。信息统一由传感网络平台进行传输与整合，经传感网络平台处理后的感知信息再传输至管理平台，管理平台对企业文化进行接收和处理，经管理平台筛选后的感知信息被传输至服务平台，最终服务平台将企业文化感知信息提供给社会大众用户平台，由此完成企业文化感知信息的运行过程。

企业文化感知信息在用户域上转化成社会文化控制信息。社会文化控制信息的运行过程如下：社会大众用户平台的信息以控制信息的形式发出，例如，社会大众对一种企业文化的接纳与否、评价高低等信息，经服务平台接收，传输至管理平台，再经由管理平台接收而进入传感网络平台，最终社会文化控制信息到达企业对象平台。企业对象平台根据社会文化控制信息的内容，执行用户平台的控制指令，修正不为社会大众所接受的部分，不断完善企业文化，甚至发起新一轮的企业文化感知信息，继续作用于用户。

2. 企业作为对象平台和传感网络平台

承担传感网络平台功能的主要是专业的传感网络运营商，但一些企业也有网络运营业务，因此，这些企业可以同时作为对象平台和传感网络平台。在这种企业参与的社会文化物联网中，文化感知信息的运行过程如下。

企业对象平台的信息以企业文化感知信息的形式发出，统一由（企业）传感网络平台进行信息传输与整合。例如，开设企业自身的微信公众号、网站，或者出版书籍、公司路演等活动，这些都可以是传感通信通道，能够将企业感知和收集的信息进行处理和传递；经传感网络平台处理后的感知信息再被传输至管理平台，管理平台对企业文化进行接收和处理，经管理平台筛选后的感知信息被传输至服务平台，最终服务平台将企业文化感知信息提供给社会大众用户平台，由此完成企业文化感知信息的运行过程。企业同时担任对象平台和传感网络平台的现象在社会中很常见，企业意识到文化软实力的重要性后，常常寻求表达自身文化的渠道。

与企业仅作为对象平台时的情况相同，企业文化感知信息依然是在用户平台中转化为社会文化控制信息，其运行过程如下：社会大众用户平台的信息以控制信息的形式发出，经服务平台接收，传输至管理平台，再经由管理平台接收而进入（企业）传感网络平台，最终社会文化控制信息到达企业对象平台，企业再根据信息来执行用户平台下发的控制内容。企业可以根据社会文化控制信息到达传感域时的表现来对自身文化乃至经营管理活动进行调整。例如，网友浏览企业网站时留下的痕迹、求职者或离职者在网站或公众号上对企业的评价、微信不允许企业发布的某些信息，这些信号都能在一定程度上影响企业，让企业朝着浏览痕迹多的方向发布内容、审视企业自身，以塑造更好的企业文化。

3. 企业作为对象平台和管理平台

由于用户平台是社会大众，因此能够被社会大众或法律授权并且管理众多企业的业务管理者通常是政府或其派出机构、行业协会、受政府委托的组织或团体等。

有一部分企业也可以经政府授权而成为业务管理者，发挥管理平台的职能。在企业同时作为对象平台和管理平台时，传感网络平台的承担者既可以是企业自身，也可以是其他传感网络运营商。

企业文化感知信息的运行过程如下：企业对象平台的信息以感知信息的形式发出，统一由传感网络平台进行信息传输与整合，经传感网络平台处理后的感知信息再被传输至（企业）管理平台，管理平台对企业文化进行接收和处理，经管理平台筛选后的感知信息被传输至服务平台，服务平台再将企业文化感知信息提供给社会大众用户平台。

用户平台将企业文化感知信息转化成社会文化控制信息，其运行过程如下：社会大众用户平台的信息以控制信息的形式发出，经服务平台接收，传输至（企业）管理平台，由管理平台接收和处理后，进入传感网络平台，最终社会文化控制信息到达企业对象平台，企业对象平台再根据信息执行用户平台下发的控制内容。

4. 企业作为对象平台和服务平台

企业除了作为直接感知和创造文化的对象平台外，还可以担任服务提供商，发挥服务平台的职能。在这种情况下，企业通常自产文化也自销文化，企业自身也是文化服务与信息集成的场所，可直接服务于社会大众，如搜索引擎公司。对象平台和服务平台之间的传感网络平台与管理平台，既可以是企业自身，也可以由其他主体担任，因此就形成了这 4 种情形：管理平台和传感网络平台均为企业自身，管理平台和传感网络平台均为其他主体，管理平台和传感网络平台之一为企业自身。

第二节 企业内部文化物联网

在企业参与的外部物联网中，企业要想充分发挥对象平台的职能，就要有坚实的企业文化，不断发展自身文化以满足社会大众的需求。企业文化在企业内部的联系，则形成企业内部文化物联网。下面将阐述企业内部文化物联网的形成、结构和信息运行过程。

一、企业内部文化物联网的形成

现代企业首先是一个社会经济组织，从事经济活动，生产各种有形产品或者提供无形的服务，为社会创造财富，以实现投资人、客户、员工、社会大众的利益最大化为使命。

同时现代企业又是一个由各种各样的人聚集成的集体，是一个隐含和孕育文化的组织。人作为一种社会存在，他们时刻都要有一种文化来调节和规范自身的行为。人群的活动造就文化，现代企业的经营活动也是如此，因此企业文化应运而生。企业文化是企业的灵魂，是推动企业发展的不竭动力，是企业或企业员工在从事商品生产与经营中所持有的价值观念。

1. 全体成员用户平台的形成

一方面，企业全体成员都处在基于一定文化形成的企业制度、规范、工作方式之下，都对企业文化有一定的需求，如追求人文关怀、公平晋升、积极向上等类型的企业文化。另一方面，企业文化为企业利益的最大化服务，无论是精神财富还是经济财富，都与企业整体紧密相连。因此，企业全体员工因自身的文化需求组网，通过物联网使企业文化为企业全体员工服务。故企业内部文化物联网的用户平台为全体成员。

企业文化为企业全体成员服务，也被企业全体成员所遵循，企业文化对全体成员产生一定的凝聚作用、激励作用、导向作用和约束作用。企业文化有利于增强员工的凝聚力，使其紧紧地团结在一起，形成强大的向心力，使员工万众一心、步调一致地为实现目标而努力奋斗。优秀的企业文化，如企业核心价值观与企业精神，都能发挥无形的导向作用，能够为企业和员工提供方向和方法，有利于促进员工个人素质的自我完善；优秀的企业文化在无形中对员工起着激励和鼓舞的作用，企业文化所形成的文化氛围和价值导向是一种精神激励，能够调动与激发职工的积极性、主动性和创造性，把员工的潜在智慧激发出来，使员工得到全面发展。

2. 服务平台的形成

在组网的过程中，全体员工需借由一些服务通信通道才能从企业中了解文化信息、感受企业文化，企业内部文化物联网的服务平台便由此形成。企业内部文化物联网为全体员工服务，理论上，任意一名员工都可以在一定的授权条件下成为传播和宣传企业文化的媒介。因此，在企业内部文化物联网的运行中，企业内部的任何一名员工都可能被选择成为服务平台。

3. 管理者管理平台的形成

在企业内部文化物联网中，管理是保证其有效运行的必不可少的条件，这一必要性促使管理平台形成。在企业内部文化物联网的运行中，管理平台能够合理调配企业文化资源、充分挖掘企业文化的创造力，进而使企业文化发挥出最大的优势。

首先，企业文化是企业在解决生存与发展问题的过程中形成的基本准则，企业文化传达了企业的经营理念，它甚至会影响到企业决策。另外，伴随我国人民群众的文化需求和文化消费的日益增长，企业文化建设与管理也会为企业带来经济附加值。

其次，企业经济活动中的生产要素质量在一定程度上受到企业文化的影响，同时也塑造着企业文化。例如，劳动者的素质是生产要素中的一部分，也是企业文化的源头之一，因为劳动者的文化背景和价值观念会极大地影响他们对待生产劳动的态度，从而影响到工作的质量，并进一步塑造劳动文化。

再次，企业文化能够提升企业的战略管理能力，企业文化管理作为一项高级形态的管理职能，有助于明确企业总体战略、职能战略和经营战略。例如，作为企业文化构成要素之一的企业精神能够影响企业的经营业绩，是关乎企业兴衰的重要因素。

最后，企业文化实力的增强能够帮助企业开拓和巩固市场，拥有丰厚文化底蕴的企业更容易在市场立足。为创造和保持品牌，企业需在制度文化方面对组织及员工的各种行为进行规范和约束，不断保持品牌的活力；想要把品牌从产品层面逐渐转化为企业宗旨、文化等精神层面，融入企业发展战略和企业各项管理制度等制度层面，都离不开管理平台对企业文化强有力的托举和支撑。

4. 传感网络平台的形成

企业文化的汇集和传播必须有载体。现代社会中，网络以其方便、快捷和低成本的优势，正迅速成为文化传播最重要、最高效的载体。网络是传播企业文化的门户，为企业文化传播提供了重要技术条件，也是进行企业文化交流的平台。因此，各种网络通信设备和操作员在企业文化传播需求的驱动下，参与企业内部文化物联网，形成传感网络平台，为企业内部文化物联网提供传感通信支撑。

与服务平台类似，企业内部文化物联网中的任何一名员工都可能在一定的授权条件下成为传感网络平台。

5. 员工对象平台的形成

企业内部的广大员工是企业文化建设的主体和基础力量，是企业得以开展各种活动的人力资源，企业的发展离不开员工的实践。企业文化是以员工为主体的文化，若离开员工的实践就没有成熟的企业文化，更没有企业的持续发展；企业文化有赖于员工的创造、积累、磨炼、提升。企业文化建设需要员工共同参与、共同发展、共同努力，他们是创造与承载企业文化的第一要素。因此，在企业内部文化物联网中的全体成员用户平台对企业文化需求的推动下，管理平台统一管理和调配，寻求员工成为对象平台，组建起完整的物联网。

企业文化的塑造有赖于企业中广大员工的付出。企业文化的塑造者不仅包括企业家、管理者，也包括广大基层员工。他们分别创造着独具特色的文化，比如企业家精神、品牌文化、管理文化、员工精神风貌等，这些共同构成了整个企业的文化。

企业文化与企业的每一位员工相互作用、相互依存，企业文化来源于员工又作用于全体员工，对员工产生匡正、规范、引导等作用。

二、企业内部文化物联网的结构

由上文可知，企业文化是由公司管理者依据全体成员的需求制定的，具体文化的生产者为公司员工；管理者是企业内部文化物联网的管理平台，在该物联网中起统一管理作用；管理者借助传感通信通道和服务通信通道，使员工对象平台生产的文化最终能够为全体成员用户平台服务，从而满足全体成员的文化需求。企业内部文化物联网的结构如图 3-2 所示。

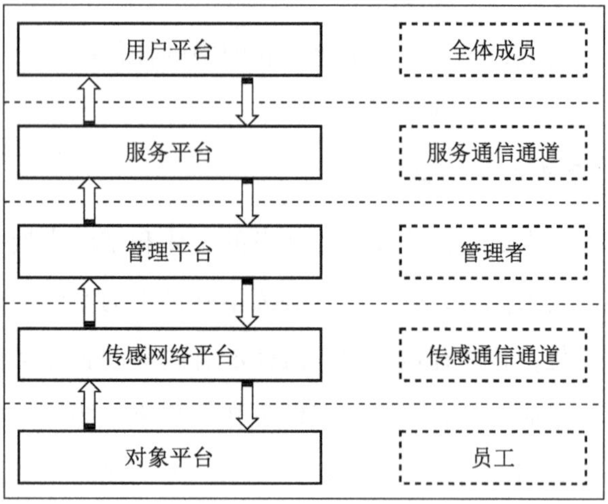

图 3-2　企业内部文化物联网的结构

企业内部文化物联网的用户平台由企业全体成员构成；管理平台为企业管理者，是用户平台意志的重要体现者和落实者，通常具有用户平台的授权（多为隐性授权，即企业规章制度上规定或用户平台默认）；对象平台为创造具体文化的员工；服务平台和传感网络平台分别由合适的服务通信通道、传感通信通道构成，位于这两个通信平台上的可以是任何得到授权的员工。在数字化高度发达的当今社会，网络和各种电子设施与生产和生活紧密联系，通常每个平台上也会配备电子设施，即人与设施共同发挥功能。

1. 全体成员用户平台

在企业内部文化物联网中，用户平台是指公司全体成员，包括股东、管理者和基层员工。股东需要了解企业文化所具有的经济价值，以维持企业的生存与发展；管理者则需要判断基层员工是否落实企业文化，以便管理企业并且创造价值；基层员工需要了解企业文化，以便更好地满足自身工作需求。

2. 服务平台

在企业内部文化物联网中，服务平台是指企业任何一名得到授权的员工。在企业内部文化物联网的运转中，承担服务通信通道职责的员工通过自身对企业文化的收集、传递，向用户平台提供服务，满足全体成员用户平台的需求。

3. 管理者管理平台

在企业内部文化物联网中，管理平台是指企业的管理者。企业内部文化物联网中全体成员用户平台需求的满足，主要依靠受其隐性授权的管理平台来组织特定的服务平台、传感网络平台、对象平台为其提供服务。因此，管理平台需要管理、收集、储存和处理多方数据信息，整合多类庞杂的数据资源，协调其他平台上的文化信息资源，共同为用户平台服务。

4. 传感网络平台

在企业内部文化物联网中，传感网络平台是指传播企业文化的通道，在管理平台的转授权和统筹下，其可以是企业内部的任何一名员工。传感网络平台需要连接员工对象平台，从员工对象平台中采集和汇总各类信息，并将采集到的信息进行整合，实现各类信息向管理平台的传输，然后在管理平台的组织下，为全体成员用户平台提供所需的企业文化资源，为全体成员用户平台服务。

5. 员工对象平台

在企业内部文化物联网中，对象平台是指任何有创造企业文化职责的员工。综合考虑企业文化涉及的方方面面，企业的全体员工都可以是也应当成为企业文化的建设者，按照企业全体成员的意愿组网，为全体成员的企业文化需要服务。在管理平台的统一安排下，员工对象平台是最终为全体员工用户平台提供服务的平台，执行全体员工用户平台发出的指令。

三、企业内部文化物联网的信息运行

企业内部文化物联网整体的功能，需要依靠该物联网内企业文化感知信息和企业文化控制信息的闭环运行来实现。

企业文化感知信息的运行过程如下：员工对象平台的信息以感知信息的形式发出，统一由传感网络平台进行信息传输与整合，经传感网络平台处理后的感知信息再被传输至管理平台，管理平台对企业文化进行接收和处理，经管理平台筛选后的感知信息被传输至服务平台，最终服务平台将企业文化感知信息提供给全体成员用户平台，由此完成企业文化感知信息的运行过程。

全体成员用户平台将企业文化感知信息转换成企业文化控制信息，其运行过程如下：全体成员用户平台的信息以控制信息的形式发出，经服务平台接收，传输至管理平台，由管理平台接收后，进入传感网络平台，最终企业文化控制信息到达员工对象平台，员工对象平台再根据信息执行用户平台下发的控制内容。

第四章

企业参与的社会经济物联网

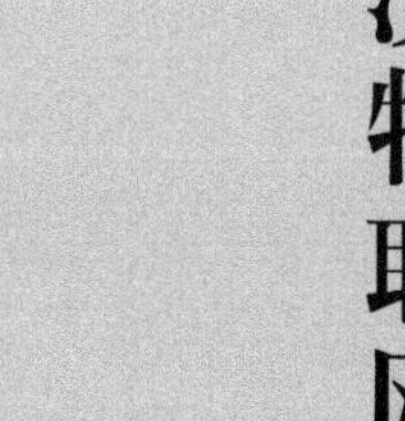

企业是一个有机的整体，与生物有机体不断进行能量的交换与传输以满足自身的生存和发展一样，企业的生存和发展基础也是不断进行交换与传输以满足自身的需求。企业交换的是产品和服务，传输的除了产品和服务外还有文化；企业交换和传输的另一端（对象或用户）是社会中的利益相关方和客户等。

企业的文化属性、文化需求在第三章均有阐述，此处不再赘述。

企业的经济属性、经济需求则包含于社会经济物联网中，企业的经济活动是社会经济物联网的重要组成部分。其中，企业作为一个整体在社会上发挥功能，属于企业参与的社会经济物联网范畴，这一部分内容将在本章进行阐释；企业内部的生产和管理等相关经济活动则属于企业的内部经济物联网范畴，这一部分内容将在第五章进行阐释。

企业是市场的主体，作为经济组织，遵循商品经济的运作规律，围绕生产、分配、流通和消费这 4 个环节开展经济活动。

生产环节至关重要，企业开展生产活动离不开生产要素（土地、劳动、资本、知识、技术、管理和数据是当今企业通常所需的七大生产要素①），企业的根本任务也正是生产符合市场需求的产品和服务。

在分配环节，企业需要为社会缴税，对内部员工分配薪酬，给股东分红等，这便涉及国家税收和产业政策、企业内部人员和薪酬管理等方面。

---

① 谢康，吴瑶，肖静华．基于大数据合作资产的适应性创新：数字经济的创新逻辑（二）[J]．北京交通大学学报（社会科学版），2020，19（2）：26-38.

在流通环节，企业需要产品市场和销售渠道等，这便涉及企业对市场信息的把握、自身供给能力、市场营销能力和获取资源的能力等方面。

在消费环节，企业需要有广泛的消费群体和不断创新的产品或服务，这便涉及服务消费者的能力和创新能力等方面。

在上述4个环节中，劳动、知识、技术、管理、创新和服务等都离不开人才，土地、技术、营销和渠道开发等都离不开资金的投入，数据和政策等都属于外来信息，因此人才、资金和信息是不可或缺的因素；开拓市场则是实现产品和服务价值的关键因素，是企业最迫切的需求。

总而言之，企业的经济需求可划分为人才需求、资金需求、信息需求（包括外来信息和企业自身具备的本源信息）、市场需求和其他生产要素需求（这里为了强调人才、资金和信息更重要，将它们与其他生产要素分开阐述）。根据市场的等价交换机制，企业要实现自身的需求，就需要与利益相关方比如客户等交换其自身的价值，如资源、功能、产品和服务。

在人才方面，企业可通过雇佣机制，吸纳劳动力，提供就业岗位，培养人力资本，给付薪酬，实现人才的价值；在资金方面，企业可成为人们的投资平台，吸引资金投入生产和服务，通过经营和管理活动获得利润，使人们的投资增值，从而进一步扩大生产，形成良性的资金循环；在信息方面，企业可以为数据等外来信息付费，响应国家政策，为国家的整体经济贡献力量，促进自身和信息提供者的共同发展；在其他生产要素方面，企业同样可以为这些要素付费，例如，通过其自身的运作来创新技术、创造知识和文化，使土地得到合理利用并创造社会经济价值，使管理者不断增强管理能力、提升职位、在更大的平台上实现自我价值等。

企业在参与社会经济物联网时，由于发挥的价值和作用不同，可处于不同的平台。企业可以在其参与的社会经济物联网中作为用户平台，主导物联网的运行，满足自身的主导性需求；也可以作为服务平台、管理平台、传感网络平台以及对象平台，参与物联网的运行，满足自身的参与性需求。

第一节 以企业为用户平台的物联网

在企业参与的社会经济物联网中，企业作为用户平台时，可以是物联网中起主导作用的买方或卖方，对应经济学意义上的买方市场和卖方市场。

一、买方主导

当企业处于买方主导时，通常是强买方市场，让其他 4 个平台为其提供满意的产品和服务，这时通常不需要企业自身来充当管理平台，但是当市场未达到良性管理的程度时，企业可以自己充当管理平台，去选择和决定其他平台。

1. 以企业为用户平台的物联网的形成

在企业这一买方主导的市场中，企业是用户，是市场供需关系中的需求方，企业的主导性需求是让其他自然人、组织、企业等为其供应各种类型的信息、产品或服务的原材料，以使企业能够进一步进行加工、创造和扩大生产。

首先，企业从自身需求出发，寻求能够满足其需求的特定对象，与它们共同组成以企业为用户平台的物联网。企业在寻求自然人、组织、其他企业等对象为其进行供应时，首先通过具备服务信息传输功能的服务实体——“服务通信通道”来传输信息，再确定所需的管理实体来进行统一管理；同时，具备服务和管理功能的相关方基于自身的需求参与进来，便形成了服务平台和管理平台。

接着，管理实体为了寻找到能够满足企业用户需求的确定对象，组建相应的通信方式，即组织具备信息传感功能的传感实体——“传感通信通道”参与该物联网；传感实体也在自身商业利益的驱动下，提供相应的信息，连接起能够最终为企业进行供应、具备组网需求和组网积极性的对象实体，于是便形成了传感网络平台和对象平台。

至此，5 个平台依次产生，形成了以企业为用户平台的物联网。

2. 以企业为用户平台的物联网的结构

在买方主导时，以企业为用户平台的物联网的结构如图 4-1 所示，其服务平台、管理平台、传感网络平台、对象平台分别为服务通信通道、业务管理者、传感通信通道、业务提供商。

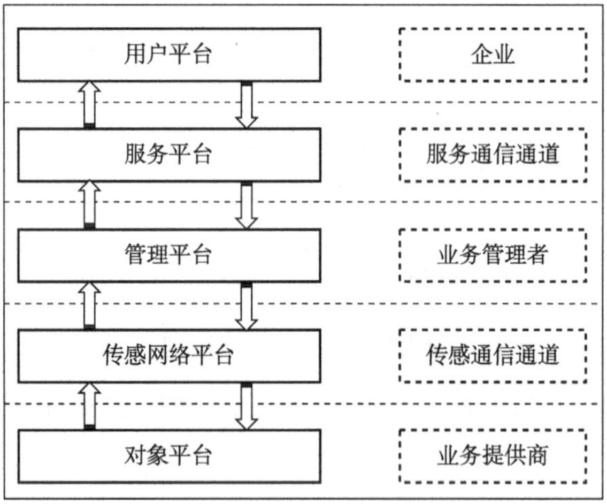

图 4-1　以企业为用户平台的物联网结构（买方主导）

在平台的具体组成实体上，管理平台可以是与企业利益相关且经过企业授权的自然人、组织或其他企业等，比如与企业有协议关系的各类型顾问、非公共性质的组织或协会、合作企业等，这里将管理平台功能的承担者统称为“业务管理者”。当然也存在一些不需要由第三方作为业务管理者的情况，即这里要说的“双向管理”情形：一种情况是企业兼任用户和业务管理者，当企业用户平台可以直接接触到对象平台、无须第三方参与时，或者企业无法寻找到合适的管理平台时，企业可以亲自作为这一平台功能的承担者进行管理；另一种情况是对象平台兼任对象和业务管理者，也就是对象平台在具有较高的责任感和自我管理意识、得到用户授权的情况下，可以同时作为管理平台。

对象平台的具体承担者与管理平台类似，但对象平台只具备服从管理和执行职能，不具备统一管理职能。对象平台可以是与企业利益相关、为企业进行供应、服从业务管理者的管理以及执行其指令的自然人、组织或其他企业，如原材料或零部件供应商、技术业务提供商、中介机构等，这里统称为“业务提供商”。

3. 以企业为用户平台的物联网的信息运行

在企业用户平台的发起和主导下，其余4个平台以企业的意志为前提，以满足企业的需求为目的进行闭环运行。企业用户平台与业务提供商对象平台之间的信息交互，构成了买方主导的物联网信息运行闭环的基础信息链，闭环中运行的是感知信息和控制信息这两类信息，信息内容主要是供应。

信息运行从业务提供商对象平台发出感知信息开始，感知信息的运行方向是从对象平台到用户平台。对象感知信息通常是指业务提供商的一些供应方案、行动计划或设想。传感通信通道接收对象感知信息并将其转化为感知传感信息，向业务管理者传输。业务管理者通过全面统筹和系统的梳理，比如对供应方案进行分析、判断、取舍和处理，将获取到的感知传感信息转化为感知管理信息，再向服务通信通道发送。服务通信通道则将感知管理信息转化为感知服务信息向企业发送，让企业获取到所需的服务信息。

控制信息的运行方向是从用户平台到对象平台，从一开始用户平台就对信息进行层层把控，最终使该信息被对象平台准确无误地执行。企业用户平台接收了感知服务信息后，从其自身需求出发，对信息进行把控，比如决定最终是否录用该供应方案、允许该行动，然后输出用户控制信息。服务通信通道则接收该控制信息，实现企业用户平台的对外通信，将用户控制信息转化为控制服务信息并输出。业务管理者则将接收到的控制服务信息转换为控制管理信息，再传输给传感通信通道。这样信息通过传感通信通道的转换，变成了控制传感信息，最终到达业务提供商这一对象平台。业务提供商将控制传感信息转换成所需的对象控制信息，执行该信息。至此，一个完整的信息运行过程便结束了。

企业用户平台如果产生了新的需求，便会重新组网，产生内容不同的信息。组网后再进行新一轮的信息运行。

二、卖方主导

卖方主导的情况较少出现，这种情况出现时企业用户平台的商品将非常紧俏，对象平台以企业用户平台为中心和目标，期待得到企业用户平台的产品或服务，其余平台的形成、结构以及运行与买方主导时类似。

1. 以企业为用户平台的物联网的形成

在企业这一卖方主导的市场中，企业是市场供需关系中的供应方，需要社会上的自然人、非公共性组织、其他企业等来购买其产品或服务，这些购买者统称为“客户”。由于商品供不应求，企业用户可以限售、惜售，也可以根据市场供应水平高价出售，因此客户会争相抢购，参与性需求十分强烈。企业的需求得到满足的结果是产品得到流通，服务得到使用，企业从中获取利润，进而扩大生产，谋求进一步发展。

在卖方主导的市场中，组建物联网的过程与买方市场大致相同，不同的是对象平台由客户担任。企业在自身供应商品、使商品变现、最大限度盈利的需求主导下，寻求能够满足其需求的利益相关方，共同组成以企业为用户平台的物联网。

2. 以企业为用户平台的物联网的结构

在卖方主导时，以企业为用户平台的物联网中，其服务平台、管理平台、传感网络平台、对象平台分别为服务通信通道、业务管理者、传感通信通道、客户。该物联网结构如图 4-2 所示。

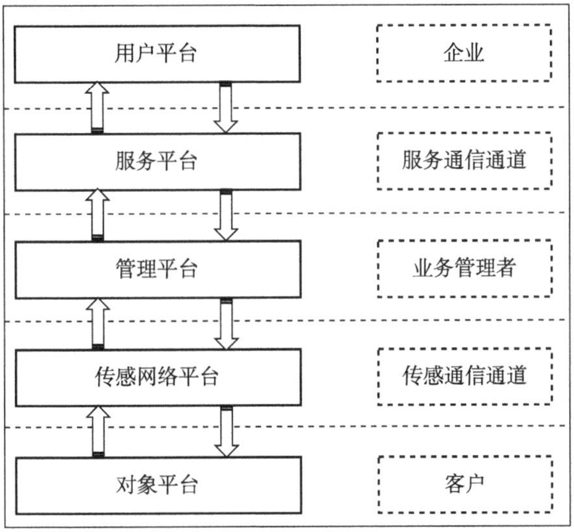

图 4-2 以企业为用户平台的物联网结构（卖方主导）

在卖方主导时，作为用户平台的通常是垄断企业、寡头企业或特殊行情下的企业，其需求能够代表市场的全部需求或绝大部分需求。

在这样一个物联网中的业务管理者，同样可以是自然人、组织、其他企业或企业自身，具体表现为协助企业销售商品的经销商、分销商、代理商或其他被授权的运营管理商、组织，它们对买卖行为的具体事项进行管理。同理，客户也可以是自然人、组织或其他企业，其职能是购买商品，在满足其自身消费及进一步生产需求的同时，实现企业用户平台的商品价值交换目标。

3. 以企业为用户平台的物联网的信息运行

企业用户平台与客户对象平台之间的信息交互，构成了卖方主导下的物联网信息运行闭环，其信息运行过程与买方主导的物联网运行过程大致相同。不过，闭环中运行的感知信息和控制信息主要是采购信息。

第二节 以企业为服务平台的物联网

在企业参与的社会经济物联网中，企业作为服务平台时的组网过程、物联网结构和信息运行，都与企业作为用户平台时大体一致，因此不再赘述。此处主要阐述该物联网中企业的需求、特征以及企业如何发挥其作为服务平台的职能。

在这一物联网以及后文所要阐述的企业作为传感网络平台的物联网中，用户平台统称为“客户”，客户可以是自然人、各类组织、其他企业或政府，这些客户均可以通过企业服务平台输出自身需求，以寻找到合适的业务管理者组成物联网；管理平台统称为“业务管理者”，同样可以是自然人、各类组织、其他企业或政府；对象平台统称为“业务提供商”，通常不会是政府；而在企业作为管理平台的物联网中，除管理平台特指“企业”外，其余称呼与前两类物联网一致。

以企业为服务平台时的物联网结构如图 4-3 所示。

在该物联网中，企业具有参与性需求，即通过参与该项经济活动，从中扩大自身影响力，增加用户量并夯实用户基础，从而获取企业生存和发展所需的利润和资源。组网的过程中，用户平台在寻找和确定管理平台之前，通常需要通过特定的平台来完成需求信息的输出。因此，服务平台的

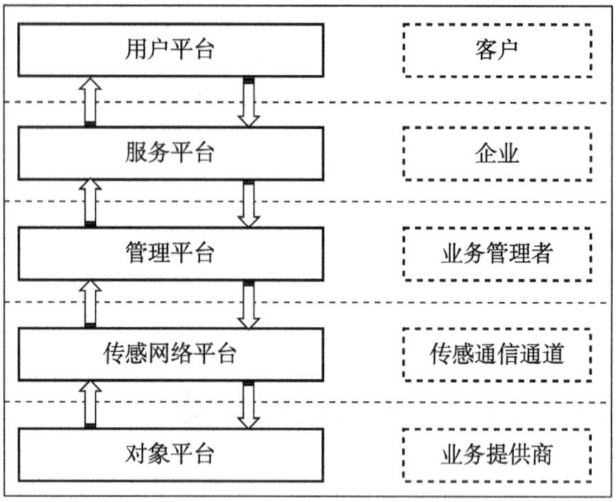

图 4-3　以企业为服务平台的物联网结构

参与性需求与用户平台的主导性需求是相互契合的。

企业作为服务平台，是用户平台与管理平台之间的桥梁，充分发挥服务通信功能，为物联网的运行提供服务接口。这就要求企业必须具备自身生产或服务领域需要的大量信息和特定资源，可以充当某方面信息的集散地等特征，因此这类企业通常是互联网运营商或其他具备信息处理能力的企业。

假设客户具有招聘需求，如其他企业纳新、政府统招等，就可以通过招聘网站一类的企业服务平台，连接业务管理者；业务管理者再对招聘需求进行管理，如对接需要组织毕业学生就业的学校就业服务部门、组织进行招聘会的企事业单位；传感通信通道则可以是学校里各班的辅导员、企事业单位的招聘负责人，最终再联络到业务提供商这一对象平台，此时对象平台通常是有就业需求的自然人。

假设客户有购物需求，企业服务平台则可以是融汇供需信息且可以发布采购需求信息的网络平台，管理平台即为能够对标产品提供商并对供需信息进行统一处理的业务管理者，如网络商城上的各家店铺等；服务平台也可以是实体企业，如商业企业的导购员等可以作为服务平台接收客户的购物需求，再充当业务管理者对这一信息进行处理，其传感通信通道可以是自身或其他仓储人员，最后由收银员承担业务提供商角色，代表企业将商品销售给客户。

第三节 以企业为管理平台的物联网

在企业参与的社会经济物联网中，企业作为管理平台，其用户平台、服务平台、传感网络平台、对象平台分别为客户、服务通信通道、传感通信通道、业务提供商。该物联网的结构如图 4-4 所示。

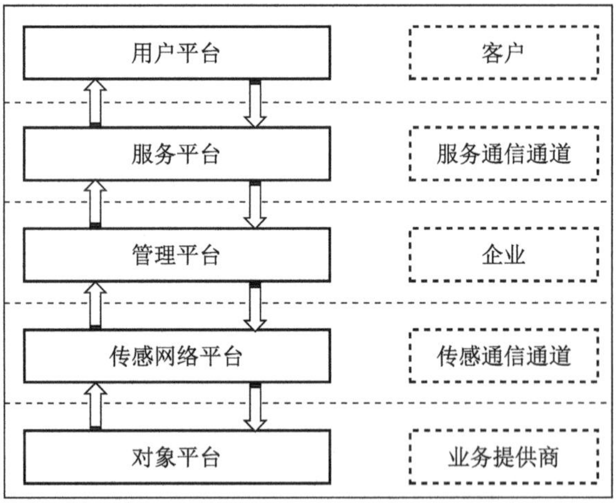

图 4-4 以企业为管理平台的物联网结构

企业作为管理平台，受用户平台（客户）所托，对客户和业务提供商对象平台之间的交易关系进行统一管理。

管理是物联网运行中的核心环节，良好的管理可以提高整个物联网的运行效率，并且能够准确掌握和理解客户所发出的信息，辨识客户的真实需求，对信息进行恰当的处理，进而通过传感通信通道组织匹配的业务提供商来执行其指令，最终满足客户的需求。该网中的管理平台通常有以下特征：拥有敏锐的商业嗅觉和市场洞察力，能够通过对人们经济活动中各种关系的解读，发现并把握相应商机，并凭借其在物联网中发挥的职能、为用户平台需求的实现所做出的贡献来赢得自身的商业利益，创造和获取商业利润。这些特征要求企业管理平台具备丰富的管理经验、强大的组织能力以及丰富的信息资源库，所以作为管理平台的企业通常是信息咨询类企业、专业代理或代办企业以及其他具有代管业务的企业等。

这类企业的需求首先是参与物联网并准确把握客户的需求，正因为企业管理平台能够有组织地（在准确把握客户真实意图的基础上组织对象平台来执行指令、为客户提供服务）满足客户的需求，才具备参与物联网的资格。其次企业都以盈利为主要目的，所以作为管理平台的企业也有不断盈利和发展自身的需求，可以体现为不断巩固自身与客户、业务提供商的关系，提高管理效能和管理的专业水平，提高客户对企业管理的满意度，等等。例如，客户发出申请专利的需求并通过服务通信通道寻找到合适的知识产权顾问企业，这一顾问企业作为管理平台，基于自身对客户需求信息的理解和判定，通过其资源、影响力和专业性进行响应，对接业务提供商（可以是客户中熟悉该业务的人、顾问企业中负责该业务的人，或者两者合作，甚至继续外包给其他业务提供商）来匹配客户的需求，指导客户打造出专业、高效的专利申请方案。这样，企业管理平台就在实现客户需求的过程中同时满足了自身的参与性需求，获取了自身的利益。

第四节 以企业为传感网络平台的物联网

人们需要通过信息以更好地认识自身、认识社会和这个时代，从而更便捷地生活和工作。企业正是人们所需信息的来源和渠道之一。

在企业参与的社会经济物联网中，企业既可以作为直接提供信息的服务平台，也可以作为最终连接感知信息终端——对象平台的传感网络平台，依托各种信息技术从社会上接收和处理感知信息，让管理平台和对象平台连接起来，接受管理平台的管理，从而间接提供信息。

在企业作为传感网络平台的物联网中，其用户平台、服务平台、管理平台、对象平台分别为客户、服务通信通道、业务管理者、业务提供商。该物联网的结构如图 4-5 所示。在该物联网中，企业应具备强大的信息集成功能，即擅长发布、传输和处理信息。

作为传感网络平台的企业，其首要工作是直接满足管理平台即业务管理者的要求，因为业务管理者最终代表的是客户的意志，所以其最终目的还是间接满足客户的需求；其次则是兼顾自身的参与性需求，满足自身的经济利益，具体表现为增加信息使用者，实现信息快速、高效和广泛的传输与交互，使信息产生经济效益。

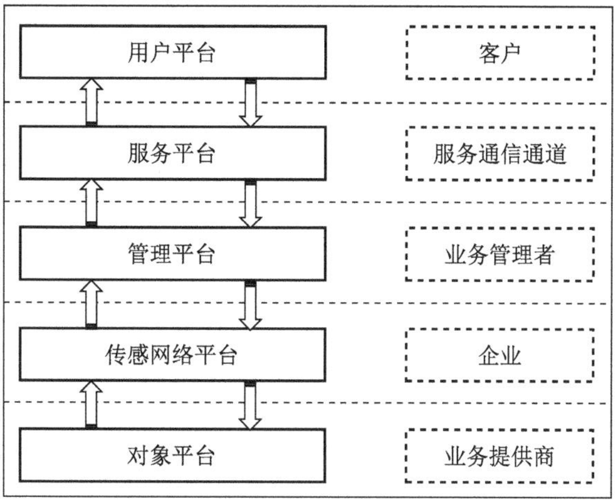

图 4-5　以企业为传感网络平台的物联网结构

第五节 以企业为对象平台的物联网

在企业参与的社会经济物联网中，企业作为对象平台时，需服务于用户平台的各种需求。在买方主导时，企业对象平台为用户平台生产产品或提供服务；在卖方主导时，企业对象平台以采购用户平台的产品或服务为目标和动力，希望尽一切努力成为用户平台的其中一个对象平台，但这种情况较少出现。整体上，企业作为对象平台的情况与其作为用户平台时的情况实质上是一样的，只是企业的身份和平台位置进行了互换。

下面分别阐述在买方主导和卖方主导的情况下，以企业为对象平台的物联网的结构、需求以及组建过程。

一、买方主导

买方主导的模式在现今的市场环境中十分常见。在这种情况下，以客户为中心、满足客户的需求是业务提供商生存和发展的根本要求，这里的客户可以是个人、各类组织、其他企业或政府等。业务提供商只有充分体现自身优势，占据市场，才能将自身的产品和服务销售出去，达到“变现”的目的。

在买方主导时，企业作为对象平台，即用户平台的业务提供商，用户平台对企业的选择具有主动权。在组建物联网的过程中，具有交易主动权的用户平台为了满足自身需求，在找到管理平台后，会授权该管理平台组建传感网络平台并寻找对象平台；其中，管理平台可以是自然人、其他企业或组织等，也可以是作为对象平台的企业自身，当用户平台选择企业充当管理平台时，后者便会成立。

在以企业为对象平台的物联网中，其用户平台、服务平台、管理平台、传感网络平台分别为客户、服务通信通道、业务管理者、传感通信通道。该物联网的结构如图 4-6 所示。

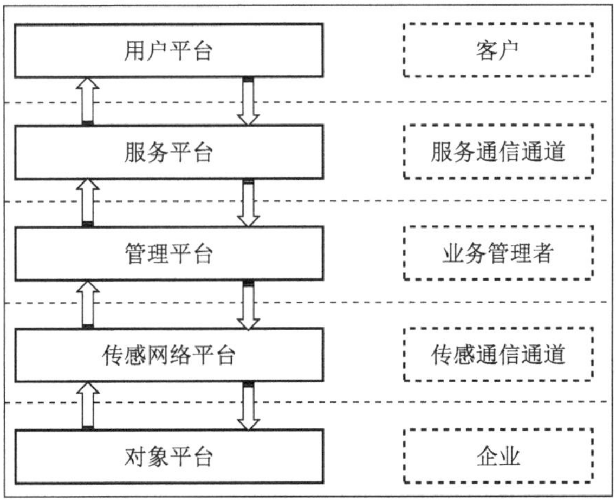

图 4-6 以企业为对象平台的物联网结构（买方主导）

用户平台是具有采购需求的客户，企业是提供产品或服务的一方，因此企业具有供应方的共性需求，即产品或服务变现、拓展市场、扩大企业再生产、提高工艺水平、降低生产或服务成本等需求。企业参与该物联网是为了获取和使用用户平台提供的资源，以满足上述的参与性需求，同时也为企业在其他网中的生存和发展提供资源支持。

诚如马克思所言，交换是商品的惊险跳跃，是实现商品价值的重要一环。企业在这条供需链中作为供应者，其任务就是使产品或服务能够吸引用户平台，让用户平台选择该企业作为业务提供商，从而实现商品交换。相应地，企业对象平台在该物联网中，要在业务管理者的策划、统筹、组织下，合理利用所获取的资源，最终满足客户的需求。

如若遇到政府客户，政府所能提供的资源可能是工程项目、研发或生产基金、试点名额等，业务管理者可能是政府部门、负责组织招投标的机构等，企业获取资源的方式可能是参与招标以及提交项目申请、自荐表或推荐表等，当企业获得该项目或名额时便完成组网。接下来，企业将在政府政策或资源的支持下，投入工程、研发、生产或试验。

如若遇到其他企业客户，企业也可以成为其他企业的代工企业，为其他企业进行定点生产，或者成为承包商或总包商的分销商企业，或者成为生产制造企业的流通企业等，以此进行上下游企业的合作，这样便完成了物联网的组建。完成组网后，企业在合作协议即客户的授权下进行相应的生产或经营活动。

如若遇到自然人这一类型的客户，客户可能只是进行采购，则该物联网中客户提供的资源是资金，企业对象平台与客户进行交易，实现自己商品变现的目的。

二、卖方主导

在卖方主导时，业务提供商是单一卖家或极少数卖家，此时通常会出现垄断或寡头市场。业务提供商的产品或服务是稀缺资源，企业对象平台会竞相争取其资源，这时企业对象平台需要提高自身竞争力，才能充分吸引作为用户平台的业务提供商。

在企业参与的社会经济物联网中，企业作为对象平台，用户平台、服务平台、管理平台、传感网络平台分别为业务提供商、服务通信通道、业务管理者、传感通信通道。该物联网的结构如图 4-7 所示。

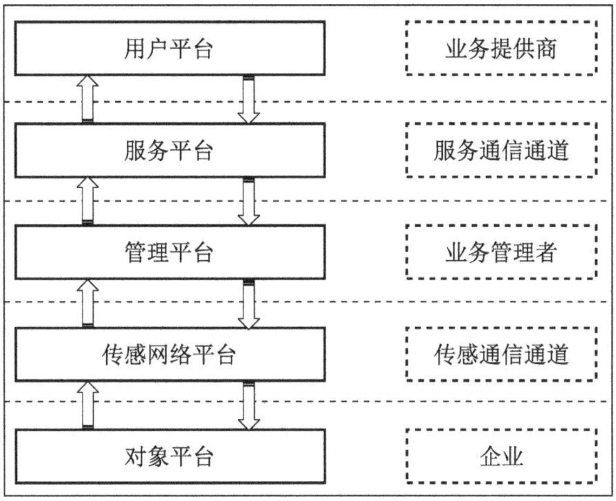

图 4-7　以企业为对象平台的物联网结构（卖方主导）

在卖方主导下，业务提供商具有非常强的话语权，几乎供不应求，在商品流通和交换上也几乎没有困难。企业对象平台的重要任务则依然是展示自身实力，争取获得卖方的供应。

在市场经济中，企业处于巨大的竞争压力下时常会作为对象平台。企业为了充当好对象这一角色，需要从产品和服务质量、品牌建设、资金、人力、设备、技术方案、成本、创新等方面提升市场竞争力，这就要求企业善于经营和管理。企业对自身的经营活动进行管理，就形成了内部的经济物联网。

第五章

企业内部经济物联网

企业是最基本的市场主体，是依法成立的具有一定的组织形式，独立从事商品生产经营、服务活动的经济组织。在社会上，国家会对企业的组织与行为进行必要的协调、引导和监督，通过法律等手段对企业行为予以必要的规制和调控。企业的设立必须符合法律规定，具有规范的组织形式、组织机构、财务和会计审计制度等。

在企业内部，其经济关系和运作多数由企业的章程和内部规章规定，国家对于企业具体的业务和部门设置不予干涉。简而言之，企业为了能够在符合法律制度的前提下开展经营活动，也为了更有效地维持自身生存和发展，需要进行内部管理。企业内部的人员、事物等基于经济关系而形成的经济物联网，本章称为“企业内部经济物联网”；而企业内部的人员、事物等基于文化联系形成的文化物联网，已在第三章有所介绍。

下面将依次介绍企业内部经济物联网的整体结构和运行方式，以及企业内部各类物联网的结构、职能及运行效果，并阐述如何在企业内部经济物联网中寻找员工的位置、指导员工发挥其作用。

第一节　企业内部经济物联网的总体结构

企业为发挥自身作为经济组织的功能，其开展的活动涉及企业行政活动、职能活动、业务活动以及员工为维护企业利益所进行的自主活动等，这些共同构成了企业内部的经济活动。企业内部的各类经济活动是在一定的需求下出现的，具有活动的发起者——用户，活动的执行者——对象，活动的统筹者——管理者。用户、对象、管理者三者之间存在交互关系，需要一定的通信方式使三者组成一个有机整体，而服务通信通道和传感通信通道便是这三者通信的桥梁。用户、服务通信通道、管理者、传感通信通道、对象是企业内部开展经济活动的必备要素，具有显著的物联网特征，因此企业内部经济活动也是物联网运行的表现，企业内部的经济活动是企业内部经济物联网的集合。

一、企业内部经济物联网的构成

企业的组织架构是其开展经济活动的根基，也是其进行管理流程运作、部门设置及职能规划等的依据。常见的组织结构形式包括直线制、职能制、直线—职能制、事业部制、矩阵制等。企业组织架构有四要素，也是其应当包含的四个结构，分别为层次结构、部门结构、职能结构、职权结构。

如上文所述，企业内部的经济活动均是物联网运行的表现，再结合企业的组织架构相关理论，以物联网视角剖析企业内部的经济活动类型，于是企业内部经济物联网可分为行政物联网、职能物联网、授权业务物联网、关联业务物联网、自组物联网五类（见图 5-1）。行政物联网类似于企业的层次结构，即企业在纵向上的管理层级；职能物联网类似于企业的职能结构，基于企业经营所需的职能，以及各职能间的比例与相互之间的关系而形成；授权业务物联网和关联业务物联网则与部门结构类似，通常表现为企业在横向上的部门设置；自组物联网是由员工为维护企业利益而自主进行的活动所组成的物联网，与职权结构（各层次、各部门在权力和责任方面的分工及相互关系）有一定关联，此外，其他类型的物联网也都在一定程度上体现了职权结构。

企业内部经济物联网的结构如图 5-1 所示。

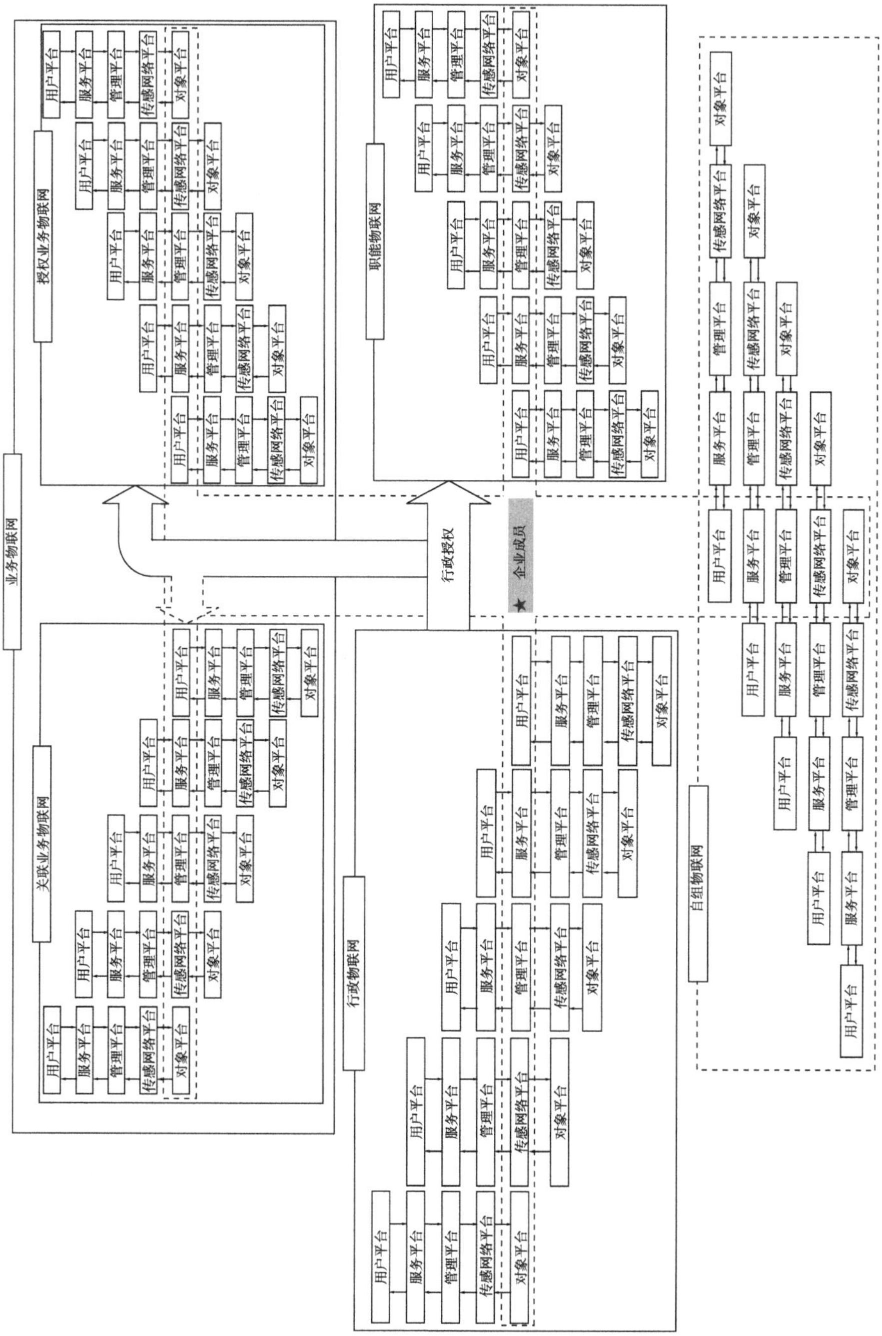

图5-1　企业内部经济物联网的结构

1. 行政物联网

行政物联网是根据法律法规制定企业内的规章制度而形成的层级物联网，其最显著的特征是分级，即纵向对各个员工、架构进行权力的布局，使其在职级上进行区分。

企业内部的行政管理活动是行政物联网运行过程的体现。企业行政管理是依靠企业内部的行政组织架构，采取行政手段对企业内部进行管理的活动。企业行政管理的具体操作是根据国家法律法规制定企业内的规章制度，下级在企业范围内要服从上级的管理和领导。

企业行政管理是企业内部经济活动的润滑剂，它既是沟通企业上级和下级的桥梁，又是协调企业运转的中枢。从企业层面上看，行政物联网的良好运行能起到管理、协调、服务三大作用，其最终落脚点在于推动和维持企业内部的经济运行。

2. 职能物联网

职能物联网是在企业内部落实国家法律法规及公司的各项规章制度的基础上，为完成企业应具备的各项职能而形成的物联网。在企业内部落实各项规章制度，督促企业按规章制度执行事务的过程，就是职能物联网运行的过程。

职能物联网的主要职责是划分业务职能，业务职能由业务的性质决定，是对业务领域相关制度的执行，如为了执行质量管理、知识产权、生产安全、环保、信息安全等制度而形成相应的职能部门或职能人员岗位，以及为执行代表公司纪律的行政制度而形成的行政部门或行政岗位，等等。

3. 授权业务物联网

授权业务物联网是处理规章制度中对其岗位有明确规定的具体事务的一类物联网，即因工作岗位上的具体业务而形成的物联网，其中通常隐含行政物联网的安排或者有明确的行政指令（其业务被授权），因此在一定程度上是行政上级的意志体现。

4. 关联业务物联网

关联业务物联网是相对授权业务物联网而言的。关联业务物联网是处理功能上存在一定关联性，但制度没有明确规定、尚不具备行政安排的具体事务的一类物联网，该项业务需要寻求其他行政体系的人员协助，比如跨部门的工作。

企业内部业务众多，基于世界是普遍联系的这一规律，在一些情况下许多业务均可能存在关联性，而它们之间的关联性、合作原则几乎无法通过企业规章制度一一列举出来，加上有的业务是在企业规章制度上衍生出来的，关联性甚广，具体责任人还不甚明晰，因此不一定会获得明确的行政授权。针对那些无企业规章制度做出明确规定或者无确切的行政安排，而工作内容又与企业经营息息相关、对公司有益的业务，业务需求者需要寻求企业内的其他员工协助，实现跨部门、跨领域的工作。

5. 自组物联网

自组物联网是指处理企业中不属于业务范畴、不以行政命令强制执行的事务，主要基于个人责任感和能动性，由企业员工自主发起，从而形成的对公司有益、临时性的、组织性松散的物联网。不在前面 4 类企业内部经济物联网之列的物联网，才是自组物联网。

只要对企业发展有利，在符合国家法律法规和公司规章制度的条件下，遇到属于非行政、非职能、非业务等范围内的活动，即前面 4 种物联网均不涉及某项事务时，企业内任何一名员工均可以作为用户自行组建物联网，促进该项事务的完成。

当然，这些事务通常是所涉及方基于常识、一般的简单推断就非常容易明确的，由个人能够做出决断的事务。

6. 企业内五类物联网的相互关系

当企业具备统一的领导和指挥时，管理秩序才能稳定，权力过于分散、多头领导容易导致企业组织涣散，故根据科层制原理运作的行政物联网，才可保障工作效率。

在组织稳定性的基础上，只有最大限度地发挥企业员工的才能，实现专业化工作和管理，才能更好地应对市场、满足社会对企业职能的期许，发挥企业应有的职能。故职能物联网可辅助行政物联网进行专业化管理，发挥各职能人员的专业性。

为了发挥企业的职能，企业通常需要将各项职能或经营活动继续具象化为各个部门、各项业务。授权业务物联网和关联业务物联网的作用便是将企业人员定岗定责，使企业的各项业务正常运转。

企业员工还可通过自身对职责的认识来为企业做出贡献，弥补企业管理中的盲点或疏漏之处，自组物联网便可以打破各个部门或层级之间的壁垒，为固定的组织架构增添灵活的工作方式。但自组物联网应适量采用，因为经常有自发组网行为也说明企业管理漏洞甚多，会进一步危害企业的组织稳定性。

因此，在企业内部经济物联网中，五类物联网的权责和地位如下：行政物联网居于首位，职能物联网次之，然后是业务物联网（包括授权业务和关联业务的物联网），自组物联网最末，可以适量使用。企业中五类物联网各司其职，为提高企业的管理效率与灵活度提供保障。

二、企业内部经济物联网的信息运行方式

物联网所展现出的功能是信息在物理实体上运行的结果，物联网平台间信息的不同运行方式可满足用户不同的需求。企业内部的各种经济物联网是人与人之间关系的体现，这种人际关系是在企业这个组织的规章制度、共同的文化需求和经济需求下维系的。当个体参与到企业内部经济物

联网中时，作为企业成员，必须具备 3 种能力，分别为被管理的能力、管理他人的能力以及自我管理的能力。当成员的这 3 种能力均得到体现时，企业内部的经济物联网将会运行得更好。

企业内部的经济物联网各平台之间存在着密切的信息交互关系，各平台所展现的功能是平台间信息交互的结果，物联网运行效果好，则表示企业成员的被管理能力和管理他人的能力强；反之亦然。同时，企业内部的经济物联网各平台内部也存在着信息交互关系，可形成自身闭环，这意味着企业员工良好的自我管理能力可以辅助物联网运行得更好。

在企业内部经济物联网中，各平台之间和各平台内部的信息交互关系共有 10 种，形成 10 种信息运行闭环，包括 1 个大闭环、4 个小闭环和 5 个内闭环，描述如下。

1. 大闭环：用户平台控制的信息运行闭环

在企业面临一项事务时，对整项事务定性之后，经历组网过程，便会形成一个完整的物联网，本书称这种信息运行方式为“大闭环”，它是实现对象为用户服务的一种最基本和最完整的信息运行方式。大闭环又称为“用户平台控制的信息运行闭环”，是由用户对感知信息进行判断、决策，并根据自身需求发出控制信息对对象进行控制的信息运行方式，整个信息运行过程由用户平台、服务平台、管理平台、传感网络平台、对象平台这 5 个平台所对应的信息域直接参与。

在完成企业内部经济物联网的组建后，处于物联网服务平台、管理平台、传感网络平台以及对象平台的企业员工个人或部门，由于自身对某些信息的理解较为片面，无法在其能力、职责以及权力范围内做出正确决策时，就必须由用户在综合考虑多方情况、融合各方信息后做出决策。

企业内部经济物联网的用户域是物联网感知信息最终到达的用户平台中的信息域，用于对感知信息进行最终的解读和决策，用户平台做出决策的过程就是用户感知信息向用户控制信息转化的过程，控制信息依次经过服务域、管理域，再经过传感域传输到对象域，由对象平台执行指令，并最终作用于信息源，使信息源的状态发生相应改变。感知信息和控制信息的运行路径分别在对象域和用户域首尾相接，形成完整的信息运行闭环——用户平台控制的信息运行闭环，如图 5-2 所示。

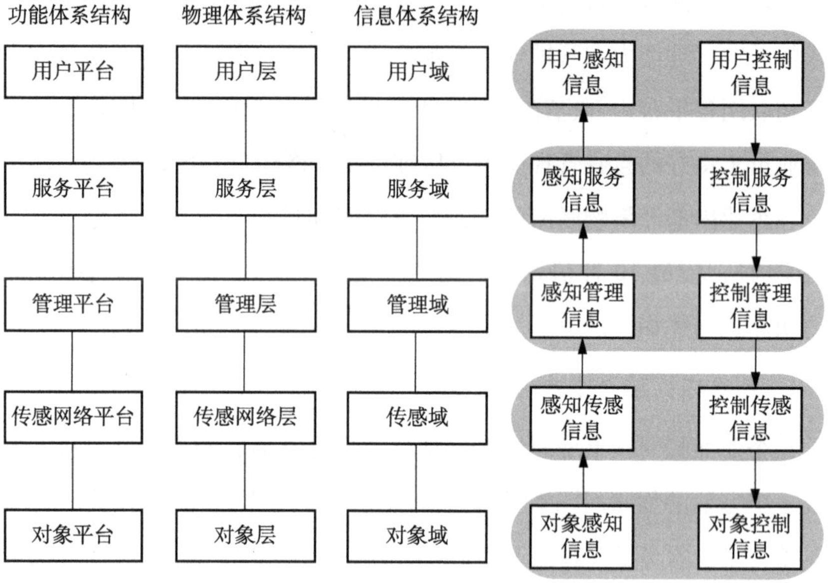

图 5-2　用户平台控制的信息运行闭环

注：各平台对信息的处理在内闭环中完成，如传感域将对象感知信息处理成感知传感信息，用户域将用户感知信息转化为用户控制信息，内部运行将在“3. 内闭环”中展现。

用户平台是企业内部经济物联网的主导者，其需求代表着企业的需求，代表着企业整体的经济利益。用户平台对控制方式需求的不同，使得物联网具有多种闭环信息运行方式：在同一个物联网中，也可同时存在两种及以上的多信息域多闭环运行方式。

2. 小闭环

一项事务可以被划分为多项具体的业务，因此该事务在管理和实施的过程中可以衍生出其他次级物联网，但在整个物联网中，其他运行方式不是由完整的五平台共同运作的，它们均被称作“小闭环”。但小闭环涉及的信息域数量可以不一样，即小闭环的“大小”可以不同。

（1）服务平台控制的信息运行闭环

在物联网中，用户平台是整个运行体系的服务享受者，可以按照自身需求以信息的运行形式控制对象。物联网中的控制信息并非全部由用户域直接发出，在拥有用户平台授权的情况下，服务平台上的服务域也可将特定感知服务信息直接转化为控制服务信息，以代替用户平台对对象平台进行控制。这种信息运行方式被称为“服务平台控制的信息运行闭环”，对象域、传感域、管理域和服务域直接参与信息的运行，感知信息和控制信息的运行路径分别在对象域和服务域首尾相接，这 4 个相邻的信息域便形成了小闭环，如图 5-3 所示。

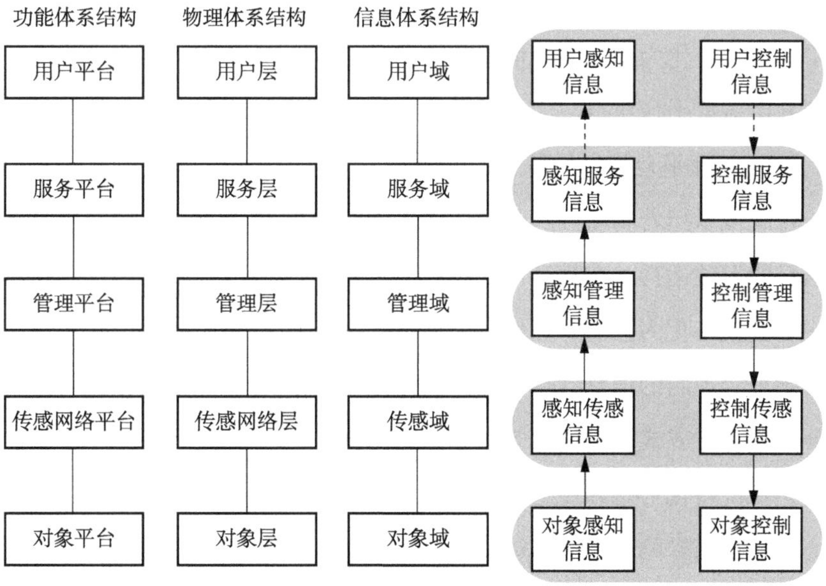

图 5-3　服务平台控制的信息运行闭环

注：虚线表示信息无须上传至该平台对应的信息域，实线则表示信息的运行路径，该注适用于图 5-3 至图 5-5。

用户平台授权给服务平台需要一些基础条件：一是用户平台自身的判断或需求，认为对象平台在传感网络平台和管理平台的基础上还需要服务平台进行服务信息的处理；二是用户平台认可服务平台的能力；三是其中可能还掺杂用户平台的好恶等其他情况。

企业内部经济物联网的服务平台（内含服务域）的功能是服务通信，服务域与用户域之间以及与管理域之间存在信息交互关系，其主要职责是向用户域传达感知信息和向管理域传输控制信息。服务域在接收到管理域传输过来的感知管理信息时，需要在用户平台制定的规则内对信息进行处理，判断是否需要用户平台作决策：对于必须由用户平台做出决策的信息，服务域应将信息转化为用户域能够理解的形式，准确、无误地传输给用户域，不应过度解读和加工，这时小闭环经过用户平台的再次授权后可以和大闭环信息运行方式进行动态转换；对于自身能够作决策的信息，服务平台直接转化为控制服务信息传输给管理域，最终通过传感域传输给对象域并由对象平台执行。

（2）管理平台控制的信息运行闭环

管理域承担着物联网的管理职能，保证对象与用户之间感知信息和控制信息的有效运行。在拥有用户授权的情况下，特定感知管理信息在管理域中可直接转化为控制管理信息，实现对对象的控制，这种信息运行方式即管理平台控制的信息运行闭环。它是用户主导的对象域与管理域之间的闭环信息运行方式，对象感知信息在对象域中产生，并经传感域传输至管理域，依次转化为感知传感信息和感知管理信息。

在用户主导的对象域与管理域之间的信息运行闭环中，对象域、传感域和管理域直接参与信息的运行，感知信息和控制信息的运行路径分别在对象域和管理域首尾相接，如图 5-4 所示。

企业内部涉及众多工作任务，针对某一项工作任务可能需要处理多种不同类型的信息，管理平台需在全局角度对整个物联网进行统一管理。对

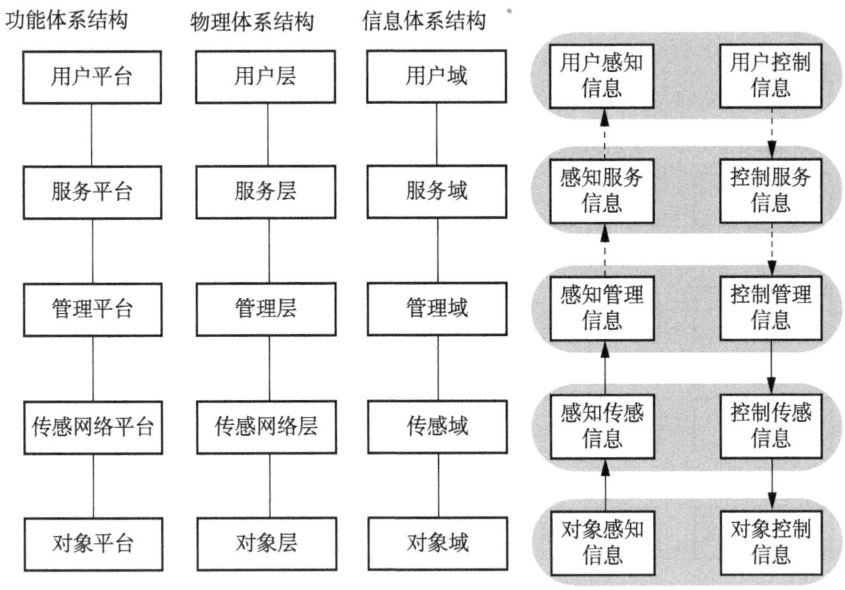

图 5-4　管理平台控制的信息运行闭环

于管理平台来说，其所经手的感知管理信息并不一定都要上传给用户来作最终的决策，在用户制定的规则下，只有针对管理平台能够处理且有权做出判断、决策的感知管理信息，才由管理平台生成控制管理信息下发，通过传感网络平台传输给对象平台执行，在此过程中，管理平台、传感网络平台和对象平台三者之间形成信息运行闭环。针对企业内部不同的工作事项，公司的任一员工个体和部门都有机会作为内部经济物联网的管理平台来执行工作任务，以实现公司的目标。

（3）传感网络平台控制的信息运行闭环

在拥有用户授权的情况下，传感域中的特定感知传感信息可直接转化为控制传感信息，实现对对象的控制，这种信息运行方式即传感网络平台控制的信息运行闭环。它是用户主导的对象域与传感域之间的信息运行闭环。

在这一信息运行方式中，只有对象域和传感域直接参与信息的运行，感知信息和控制信息的运行路径分别在对象域和传感域首尾相接，如图 5-5所示。

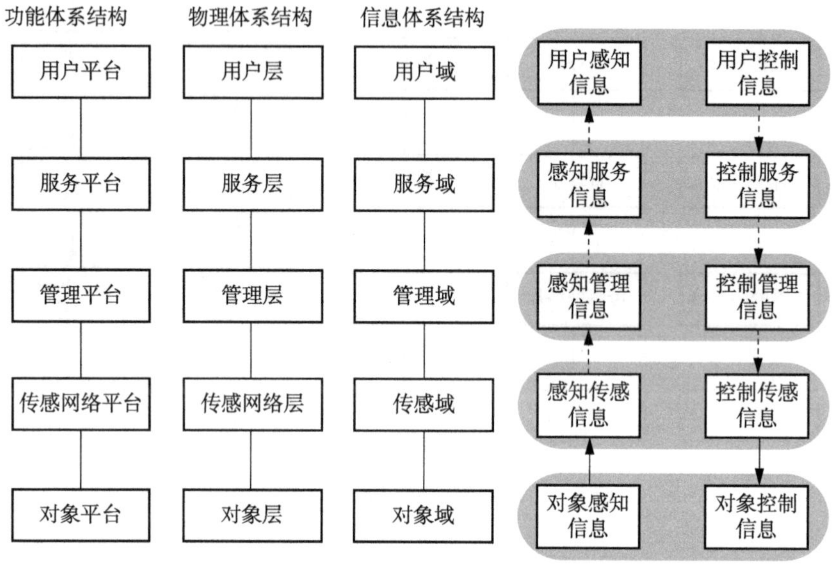

图 5-5　传感网络平台控制的信息运行闭环

在特定的工作事项下，物联网组建完成，对象平台将其生成的对象感知信息传输给传感网络平台，由后者将该信息转换为感知传感信息。企业内部经济物联网的传感网络平台的功能是传感通信，作为传感网络平台的企业员工个体或组织部门在自身的工作职责和能力范围内对感知传感信息进行处理，在企业制定的规则下将信息继续上传，或者转化为控制传感信息传输给对象平台执行。其中，传感网络平台在拥有授权的情况下，直接将感知传感信息转化为控制传感信息的运行闭环，这就是传感网络平台控制的信息运行闭环。

（4）对象平台控制的信息运行闭环

在拥有用户授权的情况下，对象域自身便能够感知信息源并做出应对和信息处理，对象域中的特定对象感知信息可直接转化为对象控制信息，并由对象的控制单元执行，实现对象对信息源的直接控制，这种平台与外部之间最小的信息运行闭环被称为“对象平台控制的信息运行闭环”，如图 5-6 所示。

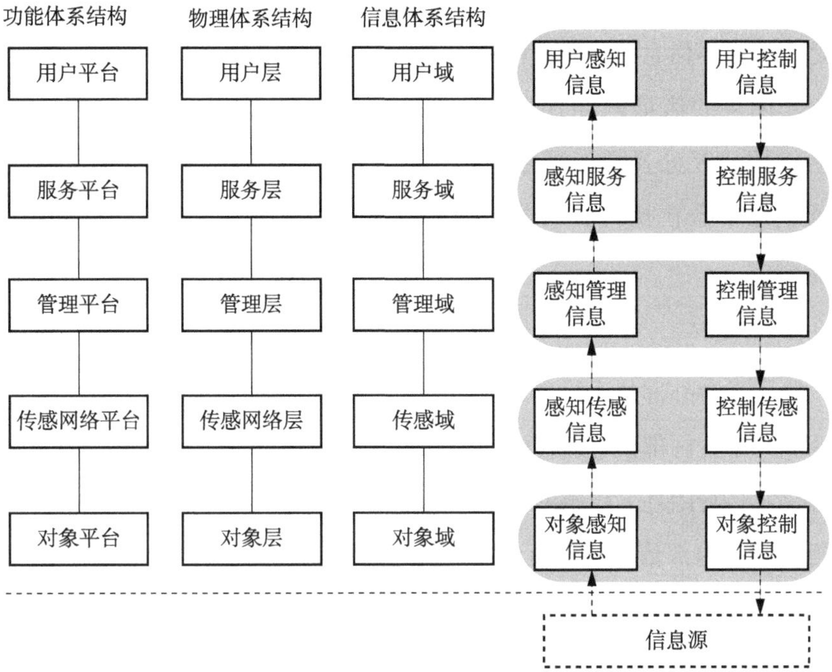

图 5-6　对象平台控制的信息运行闭环

注：虚线表示信息无须上传至该平台对应的信息域或处于物联网的外部，实线则表示信息的运行路径。

企业内部经济物联网的对象平台主要功能为对对象感知信息和对象控制信息进行传输和处理。企业内部经济物联网组建完成后，对象平台接收到的对象感知信息来自信息源，在特定场景下，对象感知信息在到达对象平台后，对象平台自身得到了用户的授权或在用户制定的规则下有能力对对象感知信息做出判断时，对象感知信息便不需要上传给物联网用户进行处理和判断，而是由对象平台根据对象感知信息生成对象控制信息，并执行相应的指令，最终作用于信息源，使信息源的状态发生相应改变。

用户主导的对象域与用户域之间的闭环信息运行方式是物联网最基本

的信息运行方式，而其余4种信息运行方式均是其特殊的实现方式。4种特殊信息运行方式——小闭环信息运行方式均由用户授权，并以用户的意志为导向，实现对象为用户服务，其实本质上和用户主导的对象域与用户域之间的闭环信息运行方式相同。

小闭环的信息运行方式之所以存在并能够发挥作用，是因为4个平台被用户充分授权，能够应对其能力和职责范围内的事务。小闭环的最上层平台在执行其功能、处理事务时，实际上组成了衍生的次级物联网。

3. 内闭环

除了平台外部的运行方式外，每个平台内部均存在运行闭环，分别被称为用户平台内部信息运行闭环、服务平台内部信息运行闭环、管理平台内部信息运行闭环、传感网络平台内部信息运行闭环、对象平台内部信息运行闭环（内部信息运行闭环在下文均简称为“内闭环”）。物联网中的各个平台均具有自身独特的作用，只有平台内部各信息域保持良性运作，才能够保障该平台与其他平台、物联网的有效运作。

（1）用户平台内闭环

用户平台内闭环是用户的自我管理过程。企业内部经济物联网的用户是物联网的发起者，是物联网所提供服务的接受者，用户代表着企业的意志，用户需求的实现最终是为了增加企业的利益。企业内部经济物联网的用户平台一般由员工或部门担任，根据企业发展的需求，结合自身职责范围发出需求信息，确定管理平台并授权于它，从而组建物联网。用户平台通过不断完善自身内部的组织结构，清晰无误地表达自己的需求信息，制定好物联网运行所应遵循的规则，在自身内部形成管理闭环，以保障自身具备指导和掌控企业内部经济物联网运行的能力，使自身需求最终得以满足。

用户平台内闭环的运行如图5-7所示。

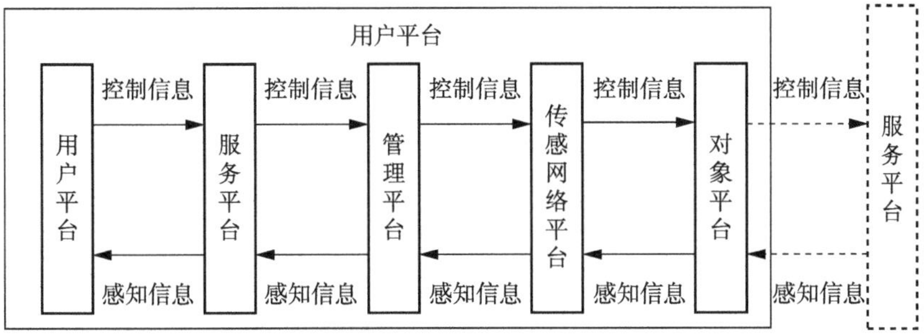

图 5-7　用户平台内闭环的运行

注：虚线表示平台与信息传输路径均处于内闭环外部，实线则表示内闭环信息的运行路径，该注适用于本章图 5-7 至图 5-11。

由于世界是永恒变化着的，一项事务的性质也会随着时间的流逝而发生变化，如果这项事务刚开始必须由用户平台“拍板”才能运行，那么在经过充分授权之后，能力突出的管理平台便足以推动事项的完成进度，这时大闭环便转换为由管理平台控制的信息运行闭环，甚至可以转化为更小的闭环。

（2）服务平台内闭环

服务平台内闭环是服务平台的自我管理过程。服务平台在物联网中主要行使服务通信功能，是用户平台和管理平台之间通信的桥梁。在企业内部经济物联网中，服务平台一般由员工或某个部门担任，在履行服务平台的职能前，其内部自我管理能力也应达到一定高度，从而在内部形成有效的管理闭环。

服务平台内闭环的运行如图 5-8 所示。

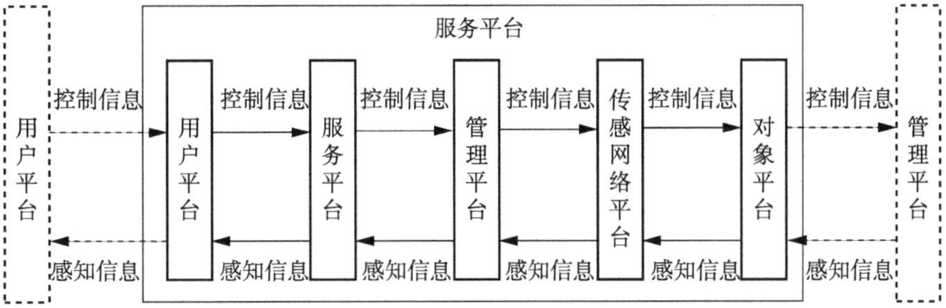

图 5-8　服务平台内闭环的运行

（3）管理平台内闭环

管理平台内闭环是管理平台的自我管理过程。管理平台作为企业内部经济物联网的统筹者和管理者，需要在整体上平衡物联网中各平台的利益，促使各平台齐心协力完成企业的某项工作任务，以满足企业内部经济物联网中用户的主导性需求，满足物联网各参与方的参与性需求，包括工资需求、职位需求、工作需求等，这些需求的实现都要求其自身的管理能力必须与物联网相匹配。承担管理平台职能的员工或部门，其所经手的工作，在管理平台内部应以闭环运行，这样才能有助于物联网的整体运行。

管理平台内闭环的运行如图 5-9 所示。

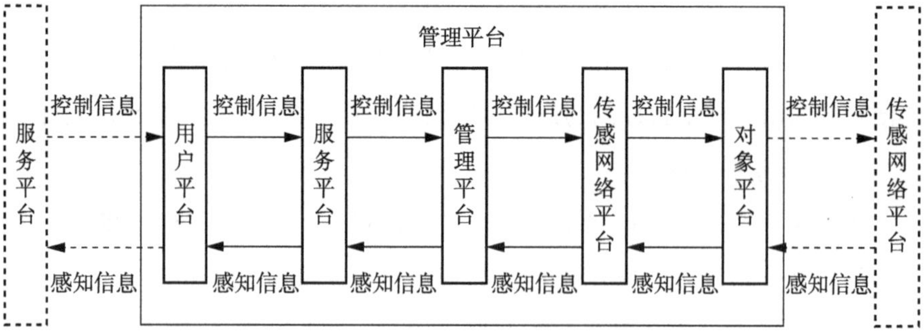

图 5-9　管理平台内闭环的运行

（4）传感网络平台内闭环

传感网络平台内闭环是传感网络平台的自我管理过程。传感网络平台内部合理的结构设计和逻辑清晰的信息运行路径能显著提升传感网络平台自身的传感通信能力。当企业中的某个员工或部门作为内部经济物联网的传感网络平台时，其良好的信息理解和处理能力、自我管理能力是其履职的基础，对对象感知信息和管理控制信息的有效接收和传输是其作为管理平台和对象平台通信桥梁的基石。

传感网络平台内闭环的运行如图 5-10 所示。

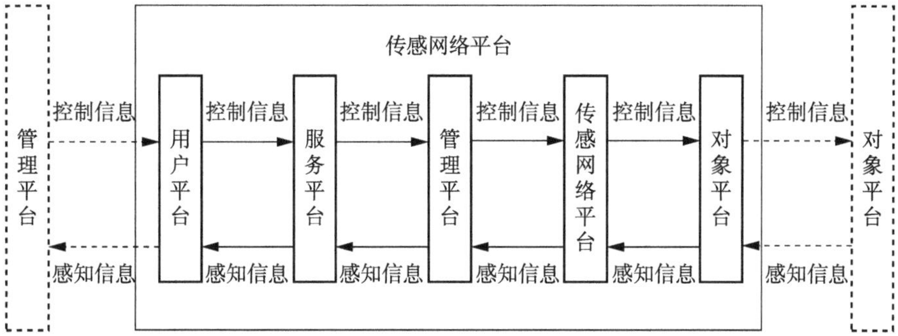

图 5-10　传感网络平台内闭环的运行

（5）对象平台内闭环

对象平台内闭环是对象平台的自我管理过程，具有提升对象平台信息处理能力的作用。对象平台内部的信息运行得越好，自我管理越规范，则代表对象平台的能力越强，在参与物联网运行时，便越能够为物联网提供准确的对象感知信息，越能够有效地执行指令，为企业内部经济物联网更好地运行奠定信息基础。

对象平台内闭环的运行如图 5-11 所示。

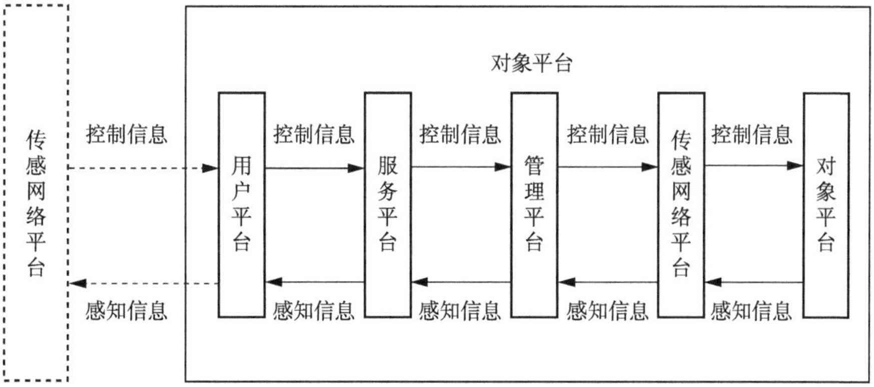

图 5-11　对象平台内闭环的运行

在物联网中，10 种闭环同时存在的信息运行方式如图 5-12 所示，其中内闭环简略表现为环形，与图 5-7 至图 5-11 中的具体表现形式存在差异。物联网中的用户可直接对对象进行控制，实现用户意志；也可通过分级授权，由服务域、管理域、传感域或对象域对特定的信息进行处理，并代替用户对对象进行控制，在保证物联网可靠运行的前提下提高物联网的运行效率。

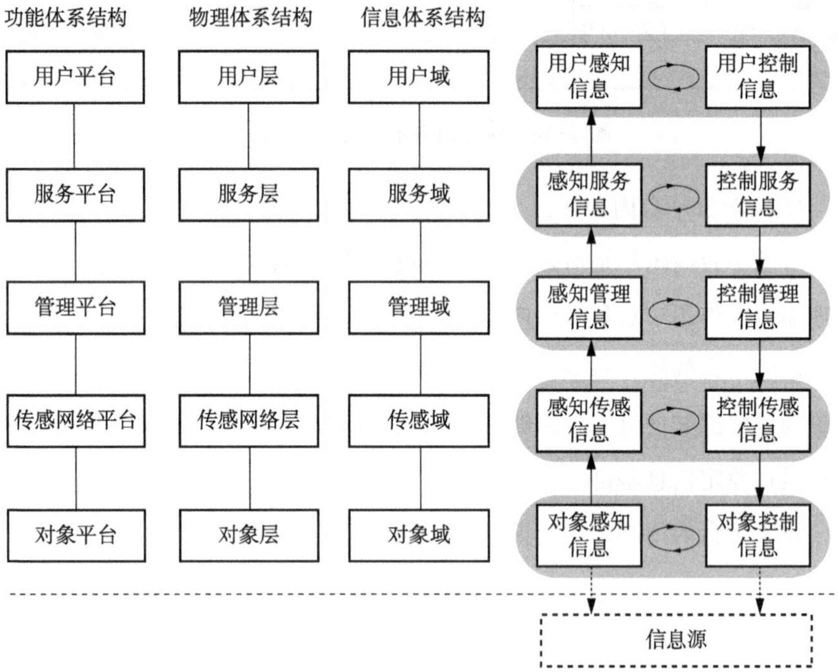

图 5-12　10 种闭环同时存在的信息运行方式

注：各平台内闭环的运行方式均简化为⟲。

第二节 企业行政物联网

企业行政管理是企业管理和行政管理的交叉领域，它是指企业行政组织依靠一定的法律、制度、原则及方法，采取行政手段对企业进行职能性管理的总和（企业行政管理中的职能性管理是跳出生产、财务、技术研发等具体职能的层级管理）。企业行政管理具有权威性、全局性、纵向性等特点，其执行力与时效性成正比，企业进行行政管理的目的是为企业整体的生存和发展提供服务。

企业行政管理活动遵循物联网的运行规律：企业行政管理活动的载体是企业行政组织，企业行政管理组织中的人员（主体是管理者和被管理者）以行政指令、规章制度等形式（其中蕴含的关系是行政关系）运作，发挥行政管理的职能，分别对应企业行政物联网的物理体系、信息体系和功能体系。

企业的组织架构是企业行政管理的基石，两者密切相关。《中华人民共和国公司法》明确规定了企业的组织架构要素：有限责任公司必须设立的机构有股东会、董事会、监事会（不设监事会的公司则设立监事）；股份有限公司必须设立股东大会、董事会、监事会（不设监事会的公司则设立监事)，上市公司还必须设有独立董事①（董事会要有 1/3 以上的成员是独立董事)、董事会秘书、证券事务部门以及内部审计部门。依照法律规定和众多企业实践案例，本节将企业行政物联网分为 5 个层级、7 类参与者。

一、企业行政物联网的参与者

企业行政物联网的总体结构由全体股东②或其代表机构（本书以股份有限公司为例进行讨论，下文均指股东大会)、董事会、经营管理者和基层员工这四大类人员组成。《中华人民共和国公司法》称公司的经理、副经理、财务负责人以及上市公司的董事会秘书和公司章程规定的其他人员为“高级管理人员”，企业还可以根据职能或业务需要设置除副经理、财务负责人之外的高层管理者。基于许多企业的最高管理者为总经理，副经理、财务负责人等在企业的管理体系中居于次级地位，企业行政物联网将“高级管理人员”具体划分为总经理和高层管理者，且两者为行政上下级关系。因此，企业行政物联网中的经营管理者可进一步分为总经理、高层管理者、中层管理者和基层管理者（基层管理者在一些组织架构中又称“主管”）4 类。

企业中的 7 类行政人员共同构成 5 级企业行政物联网，行政职级较高的人员可以担任不同层级物联网中的用户平台；用户平台管辖的人员构成其他 4 个平台，其中管理平台和对象平台也是主平台；直接服务于用户平台、充当用户平台和管理平台之间通信桥梁的人员称为“服务通信通道”，

---

① 独立董事是指独立于公司股东且不在公司内部任职，与公司或公司经营管理者没有重要的业务联系或专业联系，并对公司事务做出独立判断的董事。

② 股东可以组成股东会或股东大会，但两者存在区别。a. 股东会和股东大会都是公司的最高组织机构，职能基本相同，只是股东会是有限责任公司的最高组织机构，股东大会是股份有限公司的最高组织机构。b. 两者的构成不同：有限责任公司的股东人数较少，其全部股东召开的股东会议一般被称为“股东会”。股份有限公司的股东人数在 200 人以下，其股东人数相比有限责任公司股东人数多，召开的股东会议一般被称为“股东大会”。

同理，直接接触管理平台、辅助管理和充当管理平台与对象平台之间通信桥梁的人员称为“传感通信通道”，此二者均为附属平台。企业行政物联网总体结构如图 5-13 所示。

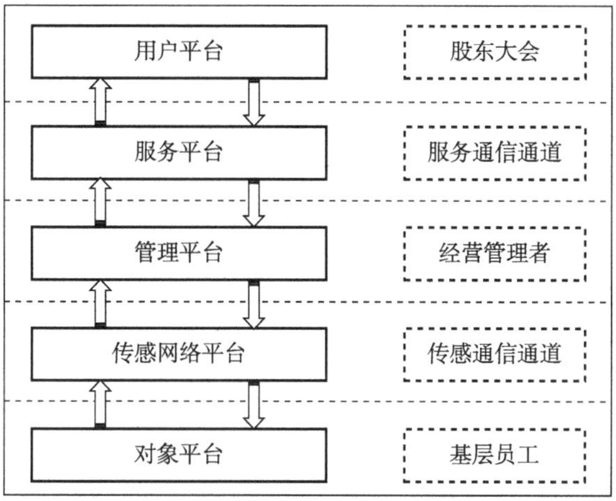

图 5-13　企业行政物联网总体结构

股东大会（用户平台）—董事会（管理平台）—总经理（对象平台）为第一级物联网，董事会（用户平台）—总经理（管理平台）—高层管理者（对象平台）为第二级物联网，总经理（用户平台）—高层管理者（管理平台）—中层管理者（对象平台）为第三级物联网，高层管理者（用户平台）—中层管理者（管理平台）—基层管理者（对象平台）为第四级物联网，中层管理者（用户平台）—基层管理者（管理平台）—基层员工（对象平台）为第五级物联网；下一级企业行政物联网中的管理平台、对象平台同时也是上一级物联网中的用户平台、管理平台。下面将对参与者一一进行阐述。

1. 股东大会

股东是企业的出资人，是公司存在的资本基础，是企业生存和发展过程中重要的利益相关群体，也是财产的终极所有者，即股权所有者。只要投资于企业，无论金额大小，均是企业的股东，股东既可以是企业内部员工，也可以是企业外部的自然人或组织机构。

股东大会是全体股东组成的组织机构，是公司的最高权力机关，有权对公司一切重要事务做出决议，股东行使的权力和表达的意志主要通过股东大会来实现。股东大会是公司的法定机构而非常设机构。股东大会通过提供资本、监督公司的业绩来保证股票市场的有效运行，在促进企业正常运营方面起到了极其重要的作用。

在企业行政物联网中，股东大会是最高级别的用户，也是最终用户，企业行政物联网的运行最终是为股东大会服务，执行其意志。股东大会的意志是公司意志形成的基础。

2. 董事会

董事是公司董事会成员，通常扮演着企业法定代表人的角色，即最高层级的经营决策者。董事多由公司股东根据公司章程召开专门会议，通过正式提名、股东投票表决的方式产生。董事需要保证企业接受确定的发展战略和经营政策，以提高企业绩效；还要确保企业履行董事会已规定的战略、政策、程序和计划，以使公司的实际工作和发展方向协调、一致。

董事会是企业法定的常设机构，是企业经营最重要的机构之一，对企业经营产生影响的关键机制最终都需要通过董事会来发挥作用。理想的董事会既应具备充分的独立性和民主性，同时也应具有合理的内部结构和高素质的董事成员，以发挥协调各方利益、责任和风险，合理配置公司资源的作用。

3. 总经理

总经理是企业日常管理和业务执行的最高负责人，即最高管理者。股份公司的总经理是董事会聘任的，对董事会负责，在董事会的授权下，执行董事会的战略决策，实现董事会制定的经营目标，并通过组建必要的职能部门，组聘管理人员，形成一个以总经理为中心的组织管理体系，对公司进行有效管理。

总经理的主要职责是负责公司日常事务的经营管理，经董事会授权，对外签订合同和处理各项业务；组建管理班子，提出任免副总经理、总经济师、总工程师及部门经理等高级职员的人选，并报董事会批准；向董事会提交年度报告及各种报表、计划、方案，包括经营计划、利润分配方案、弥补亏损方案等。

4. 高层管理者

高层管理者，又称高层管理人员、分管领导等，由总经理提出任免，是企业中直接向总经理报告、对总经理负责、执行总经理的决议、分管企业日常事务与承担部分运营管理职责的人员，也是企业各业务模块的负责人（如副总经理、董事会秘书、财务总监等）。高层管理者的具体工作一般为监督与解释外部环境状况以及就影响整个企业的问题进行决策；负责制定和规划公司目标与战略、制定实现既定战略目标的路径；合理配置资源、组织和监控业务的正常运营，确保企业整体经营的平稳运行。

5. 中层管理者

中层管理者是指处于高层管理者和基层管理者之间的一个或若干个中间层次的管理人员，其主要职责是贯彻和执行高层管理者所制定的重大决策、监督和协调基层管理人员的工作。

6. 基层管理者

基层管理者也称一线管理人员或者主管等，是组织中处于最低层次的管理者，他们的管辖范围是基层员工。基层管理者的主要职责是给基层员工分派具体工作任务，直接指挥和监督现场作业活动，保证各项任务的有效完成。在企业内，其通常是指在生产、服务、科研、销售等一线承担管理任务的人员。基层工作纪律的管理是基层管理人员最重要的日常管理工作。

7. 基层员工

除股东外，企业中所有人员都是员工，而基层员工则是不具备管理他人职责的一线员工，包括居于生产一线的工人、居于其他职能部门一线的专员等。基层员工的主要职责是按照企业的规章制度完成日常工作、服从管理、执行上级下发的工作指令。

企业行政物联网中参与者的层级划分标准包括：其参与企业工作的广度和深度，其决策对于企业发展的重要性、影响力，对他人所具备的强制力和权威，等等。企业正是按照这些标准有计划地逐级建立权责关系、区分工作性质、明确工作内容，自上而下地调动和协调5级人员，上级人员通过建立激励机制、监督机制和奖惩条例等，对下级人员的工作执行情况进行监督、控制与调整。

二、企业行政物联网一级网

企业行政物联网一级网是企业行政物联网的最高层级，也是企业管理的最高行政力量。

1. 企业行政物联网一级网结构

企业行政物联网一级网结构如图5-14所示：股东大会是企业行政物联网一级网的用户，是企业行政物联网一级网的需求者和组建者；董事会处于管理平台，在股东大会的授权下对企业行政物联网一级网进行直接管理；服务平台位于股东大会和董事会之间，担任者一般是股东大会或董事会的内部人员，如董事长、副董事长、董事长秘书等，其作用是实现股东大会和董事会的有效互动与交流；总经理是对象平台，由董事会任命，是董事会指令的执行者，也是董事会所需公司经营、外部联系等信息的提供者；传感网络平台位于董事会和总经理之间，担任者一般为总经理自身或获得授权的人员，如总经理助理、董事会秘书等，用于传感通信服务，实现董事会和总经理之间的有效互动与交流。股东大会、董事会以及总经理之间的有效交流沟通是企业行政物联网一级网良好运行的基础。

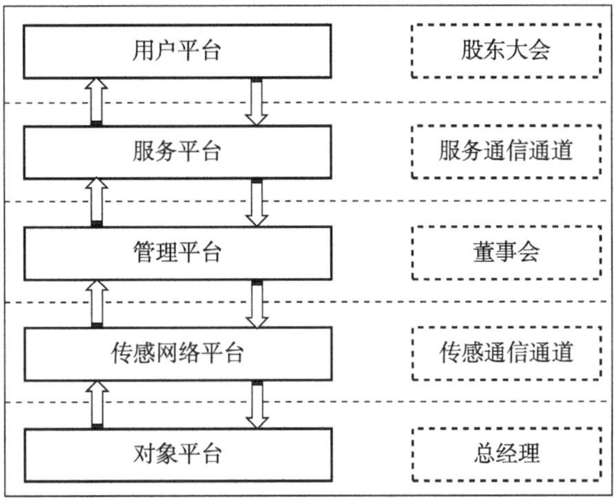

图 5-14　企业行政物联网一级网结构

此外，股东大会之下还设有监事会，监事会是与董事会平行的机构，但不直接参与公司的行政管理。监事会的监事由股东大会选举产生，代表股东大会执行监督职能，包括监督检查公司董事会和总经理等高层级管理人员执行职务时是否存在违反法律、法规或者公司章程的行为；要求公司董事和经理纠正他们自身损害公司利益的行为；提议召开临时股东大会；等等。

2. 企业行政物联网一级网中各平台的职能

（1）股东大会在用户平台上的职能

股东大会作为企业行政物联网一级网的用户平台时，其职能包括主导一级网的组建、掌控该物联网的运行、提供资源等，包括但不限于以下具体事项。

主导企业行政物联网一级网的组建有以下 3 个方面：①选举和更换非由职工代表担任的董事、监事等，组建董事会和监事会；②授权董事会对企业行政物联网一级网进行统一管理；③授权董事会任命总经理，以董事长秘书、总经理助理等作为通信渠道，实现股东大会主导的、董事会与总经理参与的企业行政物联网一级网的组建。

掌控企业行政物联网一级网的运行有以下 3 个方面：①决定公司的经营方针和投资计划，增减注册资本，发行债券，公司合并、分立、解散、清算或者变更公司形式、修改公司章程等重大事项；②批准年报、批准大规模的关联交易，制定年度财务预算方案、利润分配方案和弥补亏损方案等；③定期听取董事会通报的年报、投票权指南、代理声明等信息，并审核相关信息的披露情况。

提供资源以调整物联网的运行状态，例如，对公司进行投资或减少投资；决定有关董事、监事的报酬事项；等等。

（2）董事会在管理平台上的职能

董事会作为管理平台时，其职能为参与物联网一级网的组建和运行、进行统一管理等，包括但不限于以下具体事项。

参与企业行政物联网一级网的组建和运行有以下两个方面：①在企业行政物联网一级网中，董事会对公司经营重大事项进行统一管理；②获取股东大会授权，获取相关信息和资源，分析和掌握股东大会的需求，对总经理的提案、建议等进行初步审核与判断。

对企业行政物联网一级网进行统一管理有以下 4 个方面。①董事会依据股东大会需求和总经理提交的公司经营信息，策划和统筹公司的经营方向，制订公司的年度财务预算和决算、利润分配等方案，召集股东大会会议，并将前述重大方案提交股东大会审核，依据总经理提供的企业市场状态、政府政策信息，将公司合并、分立、解散或变更公司形式的方案提交股东大会审核。②协调股东大会、董事会和总经理之间的相互关系。③依据股东大会决议，在股东大会授权的范围内对总经理的履职行为进行管控，安排总经理执行决议。④当总经理在执行股东大会决议过程中面临问题时，董事会对总经理的工作进行指导，组织和协调资源以推动总经理发挥职能。

（3）总经理在对象平台上的职能

总经理作为对象平台时，其职责为参与物联网的组建和运作，服从管理、执行指令等，包括但不限于以下具体事项。

参与企业行政物联网一级网的组建和运作：作为董事会决议的直接执行者参与企业行政物联网一级网的运行，同时从该物联网中获取所需的资源，包括薪酬、福利、价值实现平台等，用于开展网内和网外活动。

服从管理，执行指令：①服从董事会的管理安排，执行董事会的决议和安排，负责公司的生产经营管理工作，定期向董事会报告企业的经营情况；②拟订公司内部管理机构设置方案、公司的基本管理制度；③制订公司的具体规章；④组织实施公司年度经营计划和投资方案；⑤组织实施公司发展战略，及时向董事会反馈发展战略执行过程中出现的问题，适时提出公司发展战略的调整建议；⑥向董事会提出企业改革建议，并执行、落实，确保公司各项工作的顺畅开展；⑦代表公司参加重大对外活动，维护外部关系。

3. 企业行政物联网一级网的运行

企业行政物联网一级网的用户平台为股东大会，管理平台为董事会，对象平台为总经理。企业行政物联网一级网的运行可形成 3 类共 10 种闭环运行方式，这 3 类分别为大闭环运行、小闭环运行以及内闭环运行。

（1）大闭环运行

大闭环运行，是指物联网感知信息由对象平台生成后，依次经过传感网络平台、管理平台、服务平台处理后，最终到达用户平台，由用户平台根据感知信息生成控制信息，依次由服务平台、管理平台、传感网络平台处理后，最终到达对象平台，由对象执行控制内容。

在企业行政物联网一级网中，股东大会、董事会、总经理属于企业行政管理中的前三级成员，三者之间在服务通信和传感通信的辅助下可形成完整的运行闭环。在企业行政物联网一级网中，需要大闭环处理的事项一般直接涉及股东的直接利益，是股东大会关注的重点。这些事项必须由股东大会来审核确定，不能将权力下放。下文以公司的投资计划审核为例对大闭环运行进行说明。

①感知信息传输过程

在组建了企业投资计划审核这一物联网后，首先由总经理团队根据企业经营状态、市场需求调研、政府政策等情况，完成投资方向、投资金额等内容的初步拟订。

投资计划初稿拟订后，为了满足投资计划的保密性要求，一般由总经理团队人员（如总经理助理）对接董事会人员，将拟订的投资计划提交董事会。在这个过程中，负责向董事会如实提交投资计划的人员就是企业行政物联网一级网的传感网络平台。

董事会接收到投资计划材料后，会对投资计划进行审核，依据企业经营状态、企业发展战略等对投资计划进行综合分析，并结合企业项目状态以及资金情况，董事会成员通过讨论达成一致意见，确定投资方向、投资方式、投资规模等内容，对投资计划进行修改和完善。

董事会在完善投资计划后，并不能对投资计划做出最终决议。出于保密性要求，由董事会秘书等作为服务平台，将投资计划如实提交股东大会。

股东大会接收到董事会提交的投资计划后，股东大会中各股东在保障自身利益和企业利益的情况下对投资计划进行逐条审核，最终由全体股东对投资计划进行表决。

②控制信息传输过程

股东大会对投资计划进行最终表决并下发的过程，是将接收到的感知信息转化为控制信息的过程。董事会成员可以是股东大会的股东成员，也可以任命非股东成员担任，所以董事会接收股东大会会议表决结果的方式有两种：对于既是董事又是股东的成员，表决结果出来的那一刻董事会成员即已接收到表决结果信息；但股东大会表决结果的书面正式文件应由董事会秘书等作为服务平台正式通报董事会，这也是非股东成员的董事接收该信息的方式。针对通过股东大会表决的投资计划，董事会内部讨论形成投资计划实施意见并下发总经理执行，此时总经理团队成员（如总经理助理、总经理秘书）可作为企业行政物联网一级网的传感网络平台。总经理接收到股东大会对投资计划的表决结果后，全面执行投资计划，并保证投资目标的实现。

企业投资计划自总经理提出到股东大会表决，再到总经理执行，在此过程中，投资计划事项在总经理至股东大会这 5 个平台之间形成运行闭环，这个运行闭环由用户平台即股东大会直接控制。

（2）小闭环运行

企业行政物联网一级网的小闭环运行方式与大闭环运行方式是部分与整体的关系，其实质是股东大会通过充分授权给董事会、总经理以及传感通信人员和服务通信人员，令他们在遇到自身可以做出决策的事项时，能够根据具体情况选择最恰当的信息运行方式。

同样以投资计划为例，投资的目的是满足股东大会的主导性需求——获得利益。投资对企业以后的发展具有重大而长远的影响，所以企业的投资计划多由股东大会做出最终决定，即形成由股东大会控制的信息运行大闭环。

投资计划是一项很复杂的工作，可细化为众多具体事项，涉及总经理、董事会和股东大会三者之间工作的分配与协调。在投资计划接受最终表决之前，有许多具体的事项需要走审核流程，而随时随地召开股东大会不存在现实可操作性，这就需要股东大会充分授权给董事会、总经理以及传感通信人员和服务通信人员对投资计划的具体事项做出决策，形成多个小闭环。

总经理处于对象平台，可根据市场变化及公司产品（信息源）情况，向其团队发出制订投资计划书和投资可行性报告的指令，发出这一指令无须董事会和股东大会审核确定，仅由总经理根据从信息源获得的信息便可做出决策，这是对象平台控制的信息运行闭环。

当总经理通过董事会秘书等将投资计划书和投资可行性报告提交董事会审核时，此时董事会秘书便承担传感通信功能。董事会秘书对投资计划书和投资可行性报告的形式与内容进行审核，可根据审核结果决定是否将相关资料正式提交董事会进行审核讨论。在此过程中，董事会秘书对投资计划做出决策的行为形成了传感网络平台控制的信息运行闭环。

投资计划书、投资可行性报告正式提交董事会后，由董事长或副董事长等①召集董事会会议，对投资计划进行审议。董事会通过讨论对投资计划进行资金的增减或投资方向的转变等调整，并做出董事会决议，由总经理按照决议对投资计划进行修改和完善。董事会对投资计划做出修改的决策不需要向股东大会请示，由此形成由管理平台控制的信息运行闭环。

针对修改完善后的投资计划书、投资可行性报告等文字性资料，董事会对其再次审议后，由董事会秘书等服务通信通道对相关资料进行保存备份，形成会议纪要和董事会决议，准备提交股东大会审核，此时负责保存和提交相关资料的董事会秘书等是物联网的服务平台。在正式提交相关资料前，服务通信人员有权就资料的完整性和完善性进行审核，当发现有资料缺失时，服务平台可做出决策，通知董事会或总经理补齐缺失的资料，于是形成服务平台控制的信息运行闭环。

---

① 董事会会议由董事长召集和主持；董事长不能履行职务或者不履行职务的，由副董事长召集和主持；副董事长不能履行或者不履行职务的，由半数以上董事共同推举一名董事召集和主持。

物联网小闭环的运行可以规避冗长的审批流程，作为用户的股东大会只需对最终的结果做出决策。通过授权，以小闭环的方式对涉及的具体事项进行审批，能有效地提高工作效率。

（3）内闭环运行

内闭环是企业行政物联网一级网各平台内部的自我管理能力的体现，只有平台内部的管理形成闭环，才能更好地服务于物联网大闭环和小闭环的运行。平台内部闭环的良好运行除了依靠“责任心”外，更重要的是团队内部的精诚协作，并做好反馈。

股东大会召开时，股东大会各成员应以维护股东的合法权益、确保大会的正常秩序和议事效率为原则，自觉履行法定义务，确保股东大会内部运作井然有序，实现闭环运行。

董事会组织内部由 1 名董事长、若干名副董事长、1 名董事会秘书、若干名董事组成。董事会成员应具备专业的知识和经验，成员之间能够相互协调、共同积极地开展工作，忠诚地履行职责，保守企业秘密，确保董事会内部有序工作，实现董事会内部闭环的稳健运行。

总经理作为企业行政物联网一级网的对象平台，可以组建自己的团队。团队内部成员在进行某项工作时，若能做到“凡事有交代”“件件有着落”，成员之间始终秉持有始、有终、有反馈的思想，便能高效地完成对象平台的工作，实现团队内闭环的良好运行。

（4）运行效果

企业行政物联网一级网的大闭环、小闭环以及内闭环的良好运行，能够实现股东大会、董事会以及总经理三者之间的协同运作，充分发挥各平台的职能，在更高层面上推动企业朝战略规划和发展目标的方向前进。

三、企业行政物联网二级网

企业行政物联网二级网在行政级别上仅次于企业行政物联网一级网，

是企业管理的最高行政力量之一。

1. 企业行政物联网二级网结构

企业行政物联网二级网结构如图 5-15 所示：董事会是企业行政物联网二级网的用户平台，也是该物联网的组建者和需求者；总经理处于管理平台，在董事会的授权下，对企业行政物联网二级网进行统一管理；高层管理者是对象平台，是董事会指令的执行者，也是公司具体业务部门运营信息的提供者，并且高层管理者和总经理均由董事会任命；该物联网的服务平台功能一般由董事会成员或总经理团队成员承担，也可以由其他人员担任；传感网络平台功能的承担者一般为高层管理者团队或总经理团队的成员，他们为总经理和高层管理者之间的工作协同提供通信支持。

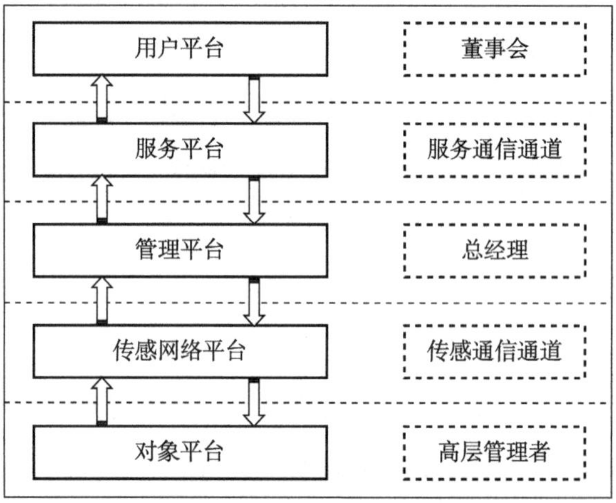

图 5-15 企业行政物联网二级网结构

2. 企业行政物联网二级网中各平台的职能

（1）董事会在用户平台上的职能

董事会作为企业行政物联网二级网的用户平台时，其职能包括主导二级网的组建、掌控该物联网的运行、提供资源等，包括但不限于以下具体事项。

主导企业行政物联网二级网的组建有以下 3 个方面：①确定总经理为企业行政物联网二级网的管理平台；②授权总经理对企业行政物联网二级网相关事项进行统一管理；③董事会通过授权总经理作为管理平台，组建企业行政物联网二级网，在服务平台和传感网络平台的通信服务下，实现董事会、总经理及高层管理者之间的相互联系。

掌控企业行政物联网二级网的运行有以下 4 个方面：①决定公司的经营计划和投资方案；②决定公司内部结构的设置，制定公司的总体管理制度等；③决定聘任或者解聘公司总经理及其报酬事项；④根据总经理的提名决定聘任或者解聘公司副经理、财务负责人及其报酬事项。

提供资源以调整物联网的运行状态，如为企业行政物联网二级网的运行提供资源支持，包括资金、设备、人力等资源。

（2）总经理在管理平台上的职能

总经理作为管理平台时，其职能为参与物联网的组建和进行统一管理等，包括但不限于以下具体事项。

参与企业行政物联网二级网的组建和运行有以下两个方面：①参与企业行政物联网二级网，并统一管理该物联网的运行；②获取董事会提供的资金、人力等资源，负责对董事会和高层管理者传输来的行政指令信息、高层管理者提交的各板块状态信息等进行研判、分析和审核。

对企业行政物联网二级网进行统一管理有以下 4 个方面：①严格按照董事会制定的规则拟订公司内部管理机构的设置方案和企业的基本管理制度，明确各部门的职责权限；②对董事会下发和高层管理者提交的信息的准确性、合法性等进行审核、判断，保证董事会和高层管理者之间的信息传递准确可靠，协调董事会、总经理及高层管理者之间的关系，平衡各平台的利益；③依据董事会决议，组织和安排各高层管理者切实执行决议，解决各高层管理者在执行董事会决议的过程中面临的问题，对高层管理者的工作进行指导；④在董事会授权范围内，在总体上保障物联网的运行是有序、可控的，提请聘任或者解聘公司的高层管理者。

（3）高层管理者在对象平台上的职能

高层管理者作为对象平台时，其职责包括参与物联网二级网的组建和运作，服从管理、执行指令等，包括但不限于以下具体事项。

参与企业行政物联网二级网的组建和运作有以下两个方面：①在企业行政物联网二级网中执行董事会、总经理的决议和指令，在参网的过程中满足自身的参与性需求；②获取总经理所分配的董事会提供的各类资源，开展网内和网外活动。

服从管理，执行指令有以下 4 个方面：①在总经理的直接领导下，组织实施公司年度经营计划和投资方案，协助总经理参加重大的对外活动，维护外部关系；②实施企业的战略规划、运营规划、人才规划等，并提交总经理审核批准；③根据所负责业务的具体情况，定期向总经理汇报企业中各业务板块的运营情况，为总经理的各项决策提供信息支撑；④执行总经理指令，并及时向总经理汇报执行情况。

3. 企业行政物联网二级网的运行

企业行政物联网二级网的用户平台为董事会，管理平台为总经理，对象平台为高层管理者，三者在行政级别上属于上下级关系，在服务通信通道和传感通信通道的辅助下完成相应的信息运行。企业行政物联网二级网的运行可形成 3 类闭环运行方式，分别为大闭环运行、小闭环运行以及内闭环运行。

（1）大闭环运行

在企业行政物联网二级网中，需要大闭环运行处理的一般是直接涉及公司重大利益的事项，最终的批准必须由董事会做出。下文以企业的经营计划制订为例，对企业行政物联网二级网的大闭环运行进行说明。

经营计划的制订能明确公司的发展方向、经营策略以及阶段性的工作重点，能够合理配置各种资源，保障企业的健康、持续发展。根据公司法，企业经营计划的最终批准由董事会做出。当企业需要制订经营计划时，由董事会作为用户平台主导物联网的组建，向高层管理者下达制订企业经营计划的行政指令，由此形成企业行政物联网二级网。

①感知信息传输过程

企业的经营计划首先由企业高层管理者针对管理的各个业务模块进行部门年度、月度经营计划的制订，这些计划可以是市场部门销售计划、顾客满意度计划，技术研发部门的重大技术发展计划、新产品开发和改造计划，财务部门的费用预算和资金运作计划等。

各高层管理者在完成部门经营计划制订后，为了达到保密性要求，其自身或总经理团队人员（如总经理助理）作为传感网络平台，应如实、完整地将拟订的经营计划提交给总经理。当然，传感网络平台功能也可由其他获得授权的人员承担。

总经理及其团队人员对高层管理者提交的经营计划进行统一整理，依据企业的经营状态，经充分讨论后形成企业经营计划正式文本资料，由总经理团队人员保存备份，准备向董事会提交。

总经理团队保存着经营计划相关资料，在董事会会议正式召开前，由总经理本人或其团队人员将经营计划通过董事会秘书等正式提交董事会，此时接收经营计划资料的董事会秘书等成员是物联网的服务平台。

董事会接收到总经理经由服务平台提交的经营计划后，在保障企业利益的情况下对经营计划进行逐条审核，最终由董事会对经营计划进行表决，决定是否批准该计划。

②控制信息传输过程

董事会将会议表决结果信息以正式文件下发，一般由董事会秘书等作为服务平台正式通报至总经理。总经理在接收到董事会的会议表决结果后，会对经营计划进行细化，以董事会会议精神为原则，落实责任人并确定最终的经营计划实现指标，由总经理团队成员作为传感网络平台将指令下发给各高层管理者。高层管理者接收到总经理经由传感网络平台下发的经营计划后，全面执行，并保证经营目标的实现。

企业经营计划最终的批准由董事会决定，这不仅是合同法赋予董事会的权利，同时也是保障公司利益的必要手段。高层管理者提出部门经营计划—总经理汇总整合—董事会批准—总经理细化落实责任人—高层管理者执行，这个过程就是企业经营事务在高层管理者、总经理、董事会三者之间形成运行闭环，即董事会直接控制的信息运行大闭环。

（2）小闭环运行

企业行政物联网二级网的小闭环运行方式与大闭环运行方式是部分与整体的关系，其实质是董事会通过充分授权给总经理、高层管理者以及传感通信人员和服务通信人员，令他们在遇到自身可以做出决策的事项时，能够根据具体情况选择最恰当的信息运行方式。一般董事会只对企业重大事项做出决议，而重大事项一般由众多小的事项组成，要董事会对每一个小事项均做出决议不现实，也不可能。对众多小事项的审核、判断和批准等可由总经理、高层管理者以及承担传感网络平台和服务平台功能的人员来完成，形成多个小闭环运行。

以技术研发部门的技术升级改造为例，技术总监（高层管理者）根据公司技术水平和产品使用的具体情况，在部门内部制订某技术升级改造计划，确定技术升级改造的方向及参数目标。技术总监制订技术升级改造计划的行为是其根据部门工作需要而进行的自我感知控制行为，是技术研发部门内部的经营计划，虽属于企业经营计划的一部分，但若作为对象平台的技术总监认为其是必要的，对公司有益的，则无须向上提请层层审批，技术总监就能做出执行技术升级改造的决策，属于对象平台控制的信息运行闭环。

当技术总监无法对是否开展某技术升级计划做出决策时，便会通过总经理团队成员，如总经理助理，向总经理提出技术升级改造计划申请，此时总经理助理承担的是传感网络平台的职责。若总经理助理从总经理处获取的授权或信息能够直接对技术总监提交的申请做出判断和决策，则形成传感网络平台控制的信息运行闭环。

总经理助理若无法对技术升级改造计划做出决策，则相关资料被正式提交总经理审核。总经理在对技术升级改造计划的材料进行审核后，若认为此计划是必要的，自己在职权范围内能够合规地对计划做出决策，总经理便将批准意见传达给技术总监执行，形成管理平台控制的信息运行闭环。

若总经理认为技术升级改造计划有风险，存在失败的可能，会对公司造成无法预计的影响，无法做出正确的决策，便会将相应资料提交董事会秘书，期望通过董事会审议后，由董事会对计划做出决策，此时董事会秘书承担的是服务平台职责。董事会秘书在正式将计划提交董事会审议前，会对资料的完整性和完善性进行审核，当发现有资料不符合要求时，董事会秘书可做出决策，通知总经理完善相关资料后再次提交，形成服务平台控制的信息运行闭环。

企业行政物联网二级网的小闭环运行可以规避冗长的审批流程，使各平台充分发挥物联网所赋予的权利（由二级网的用户平台董事会授权），以简便、快捷的方式完成小事项的快速审批，推动工作成果的最终实现，有效提高工作效率。

（3）内闭环运行

内闭环是企业行政物联网二级网各平台内部的自我管理能力的体现，只有平台内部的管理形成闭环，才能更好地服务于物联网大闭环和小闭环的运行。

董事会、总经理、高层管理者作为物联网的功能平台，在共同完成企业行政物联网二级网的工作时，必须保证自身具备相应的能力。对于董事会，其内部需要团结、各司其职，在职责范围内行使自己的权利、履行相应的义务，对讨论的内容要有深刻的了解，对决议的选择要慎之又慎，以此实现用户平台内闭环运行；对于总经理，其自身要履行应尽的义务，在拟订或研究公司重大问题时，要实事求是，多听取高层管理者的建议，对公司各板块业务要有全局性的了解，实现管理平台内闭环运行；对于高层管理者，在作为对象平台时，应清晰认识自身是企业行政物联网二级网指令的执行者，认真完成指令内容，及时总结经验，实现对象平台内闭环运行。

（4）运行效果

企业行政物联网二级网的大闭环、小闭环以及内闭环的良好运行，能够实现董事会、总经理以及高层管理者三者之间的协同运作，充分发挥各平台功能承担者的自身能力，使三者之间以职责更清晰、效率更高的方式完成工作。

四、企业行政物联网三级网

企业行政物联网三级网是总经理主导的经营管理物联网，总经理位于该物联网中的最高行政级别。

1. 企业行政物联网三级网结构

企业行政物联网三级网结构如图 5-16 所示：总经理是企业行政物联网三级网的用户平台，是该物联网中的需求者和组建者；高层管理者处于管理平台，在总经理的授权下，对企业行政物联网三级网进行统一管理；中层管理者是对象平台，是总经理指令的最终执行者，且中层管理者的任命可由高层管理者或总经理提名，最终由总经理批准；该物联网中的服务平台和传感网络平台功能一般由总经理团队成员或高层管理者团队成员承担，为总经理、高层管理者、中层管理者的工作协同提供通信支持。

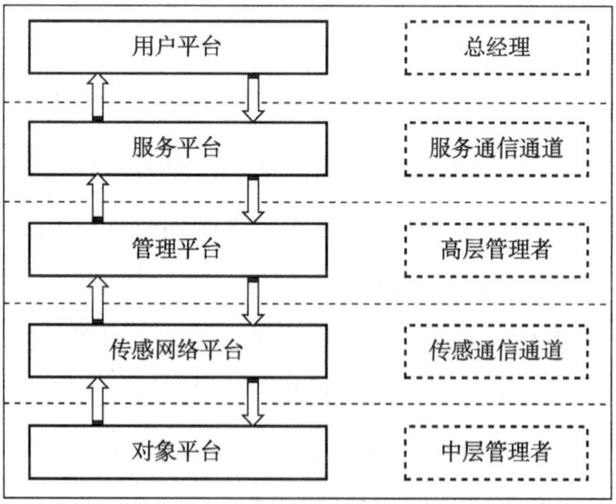

图 5-16　企业行政物联网三级网结构

2. 企业行政物联网三级网中各平台的职能

（1）总经理在用户平台上的职能

总经理作为企业行政物联网三级网的用户平台时，其职能包括主导三级物联网的组建、掌控该物联网的运行、提供资源等，包括但不限于以下具体事项。

主导企业行政物联网三级网的组建有以下两个方面：①确定高层管理者为企业行政物联网三级网的管理平台；②授权高层管理者对该物联网中的事项进行统一管理，并在服务平台和传感网络平台提供的通信服务下，实现总经理、高层管理者及中层管理者之间的相互联系。

掌控企业行政物联网三级网的运行有以下 3 个方面：①对公司的经营运作事项进行决策，包括对财务、经营方向、业务范围的增减等进行决策；②树立、巩固或变更企业文化、经营目标等；③签订合同或处理相关业务，主导重大对外活动。

提供资源以调整该物联网的运行状态：①为企业行政物联网三级网的运行提供资源支持，包括资金、设备、人力等资源；②提请聘任或者解聘公司副经理、财务负责人等高层管理者，决定聘任或者解聘除应由董事会决定聘任或者解聘以外的管理人员。

（2）高层管理者在管理平台上的职能

高层管理者作为管理平台时，其职能为参与物联网三级网的组建和运行、进行统一管理等，包括但不限于以下具体事项。

参与企业行政物联网三级网的组建和运行有以下 3 个方面：①在企业行政物联网三级网中，负责对公司具体经营事项的整体运行进行管理；②在参与该物联网的同时，获取总经理提供的资金、人力等资源，以合法合规的形式将该资源用于该物联网和网外的活动；③根据获得的信息分析总经理的具体需求，严格按照总经理制定的规则审核信息的合法性和准确性。

对企业行政物联网三级网进行统一管理有以下 5 个方面：①在行政管理活动中起着汇总、传递总经理和中层管理者信息并进行统一管理的作用，统筹和规划物联网参与方的具体工作；②依据负责的业务范围，组织实施部门日常管理工作，建立健全统一、高效的管理体系；③在职权范围内负责总经理和中层管理者之间的沟通协调工作，安排中层管理者执行总经理发出的指令；④广泛听取中层管理者的工作意见、建议、要求以及关于企业经营状况的汇报，依据总经理的指令指导中层管理者开展工作；⑤向中层管理者公布企业的重大决策和重大事项，监督和管控中层管理者的履职行为，保证物联网严格按照总经理制定的规则有序、可控地运行。

（3）中层管理者在对象平台上的职能

中层管理者作为对象平台时，其职责为参与该物联网的组建和运行、执行指令，包括但不限于以下具体事项。

参与企业行政物联网三级网的组建和运行有以下两个方面：①在企业行政物联网三级网中执行高层管理者所传达的总经理的行政指令，在参网的过程中满足自身的参与性需求；②获取高层管理者所传递的由总经理提供的资源，包括薪酬等资源，以合法、合规的形式将所获资源用于开展网内和网外活动。

服从管理，执行指令有以下 3 个方面：①贯彻执行由总经理制订的或者高层管理者分配的公司计划和业务目标，及时向高层管理者汇报自身业务板块的运营情况；②服从高层管理者的直接领导，积极执行高层管理者的指令，并及时汇报落实情况；③遵守公司各项规章制度，接收高层管理者指令，并立即采取行动。

3. 企业行政物联网三级网的运行

企业行政物联网三级网的用户平台为总经理，管理平台为高层管理者，对象平台为中层管理者，三者在服务通信通道和传感通信通道的辅助下完成相应的信息运行。企业行政物联网三级网的运行可形成 3 类闭环运行方式，分别为大闭环运行、小闭环运行以及内闭环运行。

（1）大闭环运行

企业行政物联网三级网的大闭环运行是指由总经理直接控制的信息运行闭环。下文以签订合同为例，对企业行政物联网三级网的大闭环运行进行说明。

合同是企业对外交易的门户，合同管理的质量直接影响着企业的经营成败，高质高效的合同管理可以提高企业的市场竞争优势，获得更高的经济利润。企业合同一般由企业法定代表人代表公司签订，依据公司章程规定，法定代表人一般由董事长或总经理担任。对于大多数企业而言，无论法定代表人是董事长还是总经理，一般情况下都会由总经理（或董事长授权总经理）代替公司对外签订合同。因此当企业需要对外签订合同时，由总经理作为用户平台主导企业行政物联网三级网的组建和运行。

①感知信息传输过程

以市场部合同为例，其部门最高行政领导是市场总监，属于高层管理者。市场总监一般下设多个区域经理，负责不同区域的市场营销工作，并定期向市场总监汇报工作，区域经理属于中层管理者。

当公司获得客户产品订单后，所属区域经理便对客户资料进行整理，包括客户单位基本信息、产品需求数量信息、产品技术和功能需求信息、供货时间信息等，然后与客户协商并拟订合同初稿。

中层管理者（区域经理）完成合同初稿后，为了满足合同的保密性要求，由中层管理者自身或者高层管理者（市场总监）授权的人员充当传感网络平台，如实且完整地向高层管理者上报合同信息。

高层管理者对中层管理者提交的合同内容进行审核，并听取公司合同评审小组意见，经充分讨论和完善后形成合同正式文本，准备向总经理提交，以完成合同审批。

出于保密性要求，高层管理者审核后的合同可由高层管理者自身或其他被授权人员充当服务平台，正式提交给总经理审核批准。

总经理接收到高层管理者提交的市场部合同后，对合同内容和形式进行审查，确定合同本身已经通过企业合同评审小组审定，无法律风险和损害公司利益的风险后，签字同意。

②控制信息传输过程

总经理批准签订合同后，通过总经理秘书或助理等将合同或审核意见告知高层管理者。高层管理者接收到总经理的合同审核意见后，根据总经理的意见对合同内容的具体执行做出安排，以落实总经理对合同的要求，由高层管理者自身或获得授权的其他人员作为传感网络平台将指令下发给中层管理者。中层管理者接收到指令后，全面执行指令，与客户完成合同签订。

在总经理审批合同的整个流程中，中层管理者根据客户要求与客户拟订合同初稿—高层管理者初审并完善—总经理批准—高层管理者落实合同—中层管理者执行，中层管理者、高层管理者、总经理三者之间形成运行闭环，即总经理直接控制的信息运行大闭环。

（2）小闭环运行

企业行政物联网三级网的小闭环运行方式与大闭环运行方式是部分与整体的关系，其实质是总经理通过充分授权给高层管理者、中层管理者以及传感通信人员和服务通信人员，令他们在遇到自身可以做出决策的事项时，能够根据具体情况选择最恰当的信息运行方式。

继续以签订市场部合同为例，总经理代表企业对外签订合同是一项会对公司利益产生影响的重要事务，合同最终的签订与否必须由总经理做出最后的决定，因此采用大闭环运行方式。但签订合同这一事务又可分解为众多小事项，对小事项的审核、判断和批准等可由高层管理者、中层管理者以及承担传感网络平台和服务平台功能的人员来做，于是形成多个小闭环运行。

中层管理者在市场上做业务的过程中，客户需要企业产品，中层管理者在企业的授权范围内可与客户达成合作意向，共同草拟合同。中层管理者与客户达成合作意向的这一事项不需要经总经理审批，可直接由中层管理者自身决定，形成对象平台控制的信息运行闭环。

中层管理者与客户达成合作意向后，在无法对合同详细内容做出决策时，由自身或获得授权的人员承担传感网络平台功能，向高层管理者提交信息。若传感网络平台人员从高层管理者处获取的授权范围或信息能够对中层管理者提交的合作内容做出判断和决策，则信息无须继续上报便可完善合同，形成传感网络平台控制的信息运行闭环。

若传感网络平台无法对合同的详细合作内容做出决策，则将信息正式提交给高层管理者。高层管理者对客户资料、客户需求等进行审查，结合公司情况，在自己职权范围内对具体的合同内容做出决策，然后传达给中层管理者执行，形成管理平台控制的信息运行闭环。

若高层管理者无法判断企业是否能够满足客户提出的需求，无法对合同内容做出最终的决策，则由自身或其他获得授权的人员作为服务平台将信息传输给总经理。承担传感网络平台功能的人员在自身授权范围内或从总经理处获得的信息能够对合同内容做出决策，则信息无须上传到总经理处，形成服务平台控制的信息运行闭环。

企业行政物联网三级网的小闭环运行可以规避冗长的审批流程，在完成工作的过程中无须凡事都找总经理审批，在充分获得总经理（用户平台）授权的条件下，大闭环和小闭环联合运行，这样能更好地完成工作，提高工作效率。

（3）内闭环运行

总经理、高层管理者、中层管理者作为企业行政物联网三级网的主要功能平台，共同实现工作目标的前提是自身必须具备相应的能力。

对于总经理而言，因其处于用户平台，更多的是进行指令下发、批准决策类的工作，这就要求总经理提升自己的指令表达能力和问题归纳能力，对于需要批准的事项能够快速分析问题所在，会对企业产生何种影响；对于需要下发的指令能够简洁而明确地进行表达，以利于下属理解。

对于高层管理者而言，因其处于管理平台，更多的是进行部门的管理工作，履行自身的义务，在制定部门工作规则或计划时，要建立在对部门核心工作和企业状态的清晰认识之上，实事求是，多听取中层管理者的建议，并能够准确理解总经理的指令，按照指令制定具体的工作实施细则，以利于中层管理者执行，实现管理平台内闭环运行。

对于中层管理者而言，在作为对象平台时，要清晰地认识自身是企业行政物联网三级网指令的执行者，认真完成指令，执行任务，及时总结经验，实现对象平台内闭环运行。

（4）运行效果

企业行政物联网三级网的大闭环、小闭环以及内闭环的良好运行，能够实现总经理、高层管理者以及中层管理者三者之间的协同运作，充分发挥企业的中坚管理力量，使总经理、高层管理者、中层管理者之间以职责更清晰、效率更高的方式完成工作。

五、企业行政物联网四级网

企业行政物联网四级网是企业管理中的中坚力量，与企业行政物联网三级网类似——相对于企业行政物联网的总体结构而言，也是管理平台的内部网络。

1. 企业行政物联网四级网结构

企业行政物联网四级网结构如图 5-17 所示：高层、中层、基层管理者分别居于用户平台、管理平台和对象平台；服务通信通道和传感通信通道分别居于服务平台和传感网络平台，负责高层管理者、中层管理者与下级人员之间的通信工作。

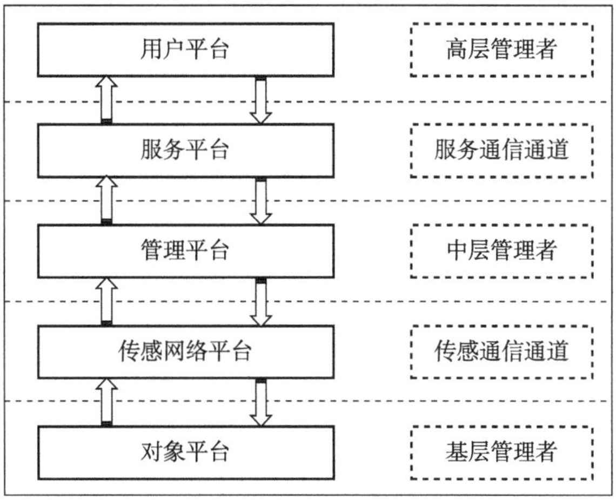

图 5-17　企业行政物联网四级网结构

2. 企业行政物联网四级网中各平台的职能

（1）高层管理者在用户平台上的职能

高层管理者的主导性需求是达到行政上级即总经理的要求，平衡企业的重要关系，处理企业内的重大事项。

高层管理者的权责包括但不限于以下具体事项：

①对总经理负责，协助总经理系统而全面地开展企业管理工作；

②掌握公司情况，及时向总经理反映，提出建议和意见，协助总经理建立健全公司统一、高效的组织体系和工作体系，当好总经理的参谋和助手；

③协调各部门、各中层管理者的关系，考察、推荐、批准各业务部门的管理人员，针对中层管理者汇集的各基层管理者的工作汇报，汇总整理重点事项并做出决策；

④指挥、主持企业的生产、安全、防火、法律事务、财务管理等关键性工作；

⑤在公司总体管理制度下，制定所负责业务板块的规章制度，督促、

检查制度的贯彻执行，并且负责企业内标准化、规范化管理工作的检查和考核工作；

⑥根据了解到的下级需求，为企业行政物联网四级网的运行提供资源支持，包括资金、设备、人力、专业意见、权限等资源；

⑦完成总经理交办的其他任务，以主持好企业行政物联网四级网的运行。

第①、第②和第⑦点均反映了企业行政物联网四级网的用户平台具有向上一级物联网中用户平台履行职责的职能。第③~第⑥点则着重体现了作为该级物联网用户平台的高层管理者具有主导物联网、掌控物联网的运行、提供资源的职能。

高层管理者自身职责的履行离不开其行政下级——中层管理者的协助，高层管理者选择和确定中层管理者作为企业行政物联网四级网的管理平台，并授权给他们，由中层管理者对该物联网的相关事项进行统筹和落实。

（2）中层管理者在管理平台上的职能

中层管理者基于自身职责、岗位的要求和以工作贡献换取相应回报的需求参与该物联网，并在该物联网中充当管理平台，发挥策划和统筹、组织和安排、指挥和指导、协调、管控执行等管理职能。中层管理者的权责包括但不限于以下具体事项：

①参与企业行政物联网四级网，负责企业行政物联网四级网的运行管理；

②在汇总、过滤基层管理者提供的信息后（过滤掉自身能决策的事项、未通过审核的事项），及时向高层管理者反馈，提出具体建议和意见，协助高层管理者运营企业行政物联网四级网；

③确定基层管理者的职责，安排基层管理者贯彻实施工作任务、工作方案，实现高层管理者的管理目标和任务；

④对企业行政物联网四级网的运行进行监督和管控，审核、批准、判断所接收信息的合规性，确保该物联网的运行符合高层管理者制定的规

则，落实各基层管理者对工作指令的执行情况；

⑤统筹和协调该物联网内各参与方的关系，接收基层管理者的工作汇报和建议，指导基层管理者开展工作，解决其工作中遇到的问题和不足；

⑥获取高层管理者提供的资金、人力等资源，以合法合规的形式合理利用这些资源；

⑦根据高层管理者的需求，组织开展该物联网的管理工作，完成高层管理者交办的其他任务，以推动企业行政物联网四级网的良好运行。

第①、第②和第⑦点反映了企业行政物联网四级网的管理平台具有向用户平台履行职责、在用户平台的授权下协助其掌控该物联网的职能。第③~第⑥点着重体现了作为企业行政物联网四级网管理平台的中层管理者具有组织和安排、协调、指挥和指导基层管理者开展工作，策划、统筹和管控自身、基层管理者及整个物联网运行情况的职能。

中层管理者的具体权责与高层管理者和基层管理者的权责相对应，是对高层管理者所应负责事项的具体落实和细化，中层管理者对基层管理者的权责则是进行统筹、安排并监督其执行。

（3）基层管理者在对象平台上的职能

基层管理者与中层管理者类似，也是基于自身职责、岗位的要求和以工作贡献换取相应回报等需求来参与物联网的。基层管理者作为对象平台时，其职能包括服从管理并执行任务，包括但不限于以下具体事项：

①向中层管理者负责，服从领导，积极执行中层管理者的指令；

②将从基层员工中获取到的、经过自身处理后的有效信息反馈给中层管理者；

③按照规章制度落实日常的基层管理工作，执行中层管理者发布的行政指令（通常是临时性的，长期性的指令一般已被写入企业的规章制度和岗位职责中）；

④根据部门工作计划和任务节点，来执行任务、接受检查、汇报工

作，督促部门基层员工完成各项工作中的进一步分工任务；

⑤给基层员工分派具体工作任务，管理基层工作纪律，直接指挥和监督现场作业活动；

⑥参与企业行政物联网四级网，获取中层管理者分配的资源，将所获资源用于落实自身工作，同时在参网的过程中满足自身的其他需求；

⑦完成中层管理者交办的其他工作，以执行好自身在企业行政物联网四级网中的任务。

第①、第②、第⑦点均体现了基层管理者在企业行政物联网四级网中向行政上级——管理平台反馈感知信息的职能，此时基层员工是基层管理者的信息源，而在下一级企业行政物联网中，基层员工则是基层管理者的对象平台。第③~第⑥点体现了基层管理者在接收到控制信息后进行自身的管理、执行工作指令的职能，同时也体现了要作用于信息源的职能。

企业行政物联网四级网中的服务平台和传感网络平台均可以是该物联网中经过授权的任何一方，高层管理者与中层管理者的通信方式形成了该物联网的服务平台，中层管理者与基层管理者的通信方式形成了该物联网的传感网络平台。

3. 企业行政物联网四级网的运行

企业行政物联网四级网的用户为副经理、董事会秘书、财务负责人等高层管理者，下面以财务负责人为例阐释该级物联网的运行方式。

财务部门通常由财务总监、财务部长、财务主管、财务专员等职级构成。在企业行政物联网四级网中，财务总监为高层管理者，居于用户平台；财务部长为中层管理者，居于管理平台；财务主管为基层管理者，居于对象平台；财务专员则是基层员工，在下一级企业行政物联网中居于对象平台。

（1）大闭环运行

财务部门是企业确立了财务职能后所形成的组织架构中的一部分。在企业行政物联网四级网中，财务总监、财务部长、财务主管之间构成了一个完整的运行闭环。在涉及整个企业财务方面的重大事务或财务部门的关键事项时，采用大闭环运行方式，即财务总监控制的信息运行闭环。

企业总经理将财务管理这一事务分配给财务总监后，授予了财务总监组建下一级物联网的权限。这一事务便由企业行政物联网四级网中的用户平台——财务总监主导。

财务总监需要在财务管理方面制定方向和关键事项，例如，把财务管理分为日常经营财务管理（公司日常经营的资金控制、费用开支等）、投资财务管理与筹资财务管理3个方面，合理地为下属规划这3个方面的比重，把握财务管理中的原则性问题，以实现资金的高效运作。

财务总监既可以亲自充当服务通信通道向财务部长交代事项，也可以在财务部长来汇报工作时进行交代，这两种信息传输方式均能够保障信息的私密性，同时提高信息传输效率；理论上还可以由正好遇见的其他员工传达，但是这样会有损信息的私密性和安全性，这一增加的环节也有可能使信息被误读，进而对信息传输的准确性、完整性和有效性造成一定的损害。

财务部长接收到财务管理任务后进行工作安排：针对日常经营财务管理，草拟公司资金控制制度、费用开支标准制度、财务分析制度、内部稽核制度，对一年的经营成果进行分析，编制年度资金预算和下一年的服务计划、编列月度资金预算表等；针对投资项目财务管理和筹资管理，分别草拟投资管理制度和筹资管理制度等；此外，还需草拟税务筹划的相应管理制度；等等。

财务部长与财务主管之间的传感通信通道的选择与服务通信通道类似，只是其信息的密级更低、选择范围更广，既可以是这两者自身，也可以是同部门的财务专员或其他员工。

财务主管在企业行政物联网四级网中居于对象平台，执行财务部长布置下来的任务，进行财务作业，如依据生产计划、营业部门和管理部门反映的情况或财务需求进行财务预算和资金调度，按照财务部长的要求制定月度、季度资金预算表等，具体管理好企业的制造费用、销售费用、管理费用等方面，监督和指导自己的下级做好财务的每日结算、记录。

以上就是企业行政物联网四级网的完整组建过程。在完成组网任务后，各个平台将进行对象感知信息和用户控制信息的闭环运行。

以下是对象感知信息的运行过程：财务主管对具体的财务情况进行分析，直接对接财务部长（由自身充当传感网络平台）或通过其他传感通信通道向财务部长提出降低产品单位成本的可行途径等具体建议；财务部长对接收到的信息进行判断、筛选和决策，通过服务通信通道进一步向财务总监提出关于现行财务管理制度以及企业的生产和经营的合理化建议，财务总监在职权范围内做出决策。

财务总监做出决策后，通过服务通信通道告知财务部长，财务部长接收控制信息并处理，再通过传感通信通道告知财务主管做出调整或执行原有方案。这是从财务总监到财务主管的控制信息的运行，至此完成了一整个信息运行大闭环。

（2）小闭环运行

企业行政物联网四级网的小闭环运行方式与大闭环运行方式也是部分与整体的关系，当员工已被充分授权且遇到自身可以做出决策的事务时，可以根据具体情况选择最恰当的信息运行方式。

例如，一个企业想要上市，企业的最高管理者通过其服务通信通道（如秘书）向财务总监下发任务，并将上市事宜全权交由财务总监负责。在发起“上市”这一事务时，企业的最高管理者是用户平台，财务总监居于管理平台，该事务在企业行政物联网三级网中运行。

不过，在筹备上市事宜时，财务总监则成为企业行政物联网四级网的用户平台，财务总监统筹全局，运行企业行政物联网四级网的大闭环；财务总监需要不定期向秘书汇报上市进程，这一运行方式相对于企业行政物联网三级网，称为“服务平台控制的信息运行闭环”，即对象平台到服务平台的小闭环。

财务总监进一步将上市项目划分成多个具体事项，企业上市需要做以下准备工作和流程：①将企业改制成股份制；②进行上市咨询，聘请上市中介专业机构对企业进行考察，确认企业是否符合上市的条件；③准备必备的证明或文字材料；④聘请券商、律师事务所、会计师事务所等中介机构审核所准备的材料是否符合上市要求；⑤请保荐机构或财经公关机构与相关的国家监管机构进行沟通，修改不符合相关机构要求的文件；⑥上报材料经国家主管上市机构进行审批；⑦进行招股说明；⑧挂牌销售股票，实现股票的上市流通。

上市的准备工作和流程把控由财务总监领导和决策，并授权其助理协助管理上市事务，由财务部长承担统筹工作，由财务主管具体落实。财务总监明确分配给财务部长、财务主管到财务专员的职责和任务后，财务部人员便可视具体情况在企业行政物联网四级网中灵活地采用小闭环运行方式，以提高运作效率。

当财务主管聘请专业机构进行上市辅导和咨询时，专业机构人员成为信息源；财务主管接收到专业机构人员对企业上市必备的各种证明或文字材料的意见，对于自身能够确定且不会涉及更高密级的信息时，自主进行应对，形成由对象平台控制的信息运行闭环；遇到涉及公司重要信息的部分，需报请财务部长进行批示或协调其他部门配合时，形成由管理平台控制的信息运行闭环；如还需上报，而财务总监又恰巧无暇顾及，被授权的财务总监助理则可担任服务通信通道，形成由服务平台控制的信息运行闭环。

各岗位人员各司其职，做好自身职责范围内的固定事务是员工的常态，这就在很大程度上依赖于员工的内闭环运行方式。

（3）内闭环运行

各个平台内信息闭环的高效运作要求部门人员应清楚地了解自身的职责，勇于承担责任，敢于在职权范围内做出准确决断。

如财务部长计划提升该部门人员的业务能力，拟邀请财务总监传授财务工作经验以及邀请人力资源部来培训其他常用技能和技术，如果由财务部长本人进行构思和策划，甚至自我监督并执行培训方案，这就属于企业行政物联网四级网中管理平台控制的内闭环。

财务总监接受了财务部长的邀请，着手准备自己的演讲稿或PPT等，属于企业行政物联网四级网中用户平台控制的内闭环。

参训的财务主管和财务专员，认真学习，做好笔记，记录学习心得，则属于对象平台控制的内闭环（其中，财务主管是企业行政物联网四级网中的对象平台，财务专员是企业行政物联网五级网中的对象平台，多级企业行政物联网在一些情况下可以同时运行）。

（4）运行效果

相对于企业行政物联网总网而言，企业行政物联网四级网是管理平台的内网，体现企业内部管理人员的素质高低和制度的合理程度。该级物联网的良好运行，可以夯实企业管理的中坚力量，使企业的基层、中层、高层管理者协同运作，既各自发挥管理职能，又发挥各层级管理者的合力，使企业的规章制度和指令执行更加高效、有力。比如财务部门内部的企业行政物联网四级网的高效运行，可以促使各平台人员更加有效地筹集、使用资金，减少财务方面的疏漏，优化企业的财务管理制度，更加灵活地运用资金，更好地发挥资金的经济效用，促进公司的良好运营。

相反，若企业行政物联网四级网运行不畅则会影响工作效率，对企业的人、财、物造成浪费。中间层的管理环节薄弱将使企业的管理人才青黄不接，企业发展后继乏力。

六、企业行政物联网五级网

企业行政物联网五级网是企业行政物联网的末端，是连接基层员工的重要网络。

1. 企业行政物联网五级网结构

企业行政物联网五级网的用户平台、服务平台、管理平台、传感网络平台、对象平台分别由中层管理者、服务通信通道、基层管理者、传感通信通道、基层员工担任，其结构如图 5-18 所示。

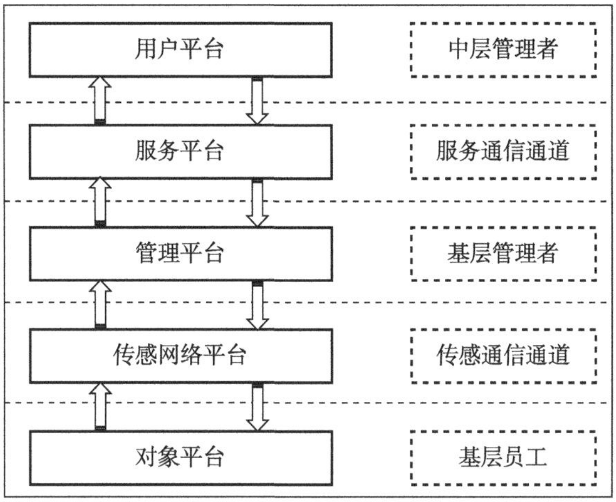

图 5-18 企业行政物联网五级网结构

2. 企业行政物联网五级网中各平台的职能

（1）中层管理者在用户平台上的职能

企业行政物联网五级网中的用户平台是中层管理者，中层管理者负责主导该级物联网的组建，通过规范基层管理者和基层员工的工作准则等方式来掌控该级物联网的运行，通过向基层管理者和基层员工提供所需的资源来使其为企业贡献力量。

中层管理者的具体权责与其在企业行政物联网四级网中担任管理平台时大体相近，只是侧重点不同，中层管理者在企业行政物联网五级网中具备主导权、掌控权，是该级物联网的最终负责人。其权责包括但不限于如下具体事项：

①对高层管理者负责，在高层管理者的授权下运营好企业行政物联网

五级网；

②针对基层管理者汇报的工作建议和意见，在权责范围内做出决策，将重大基层管理事项反馈给高层管理者并提出合理化建议，协助高层管理者进行管理；

③依据公司管理规定，针对部门具体情况制订部门规则，并且协调部门内人员的工作，督促、检查制度的贯彻执行情况；

④中层管理者通过确定基层管理者的管理平台位置，授权于基层管理者来落实企业行政物联网五级网中的相关事项；

⑤考察、推荐部门内的基层管理者，订立部门下级员工的工作职责范围，落实具体事务负责人，针对基层员工的工作状态及考核情况，建设性地在部门内进行人事调整，如工作内容调整、岗位轮换等；

⑥为企业行政物联网五级网的运行提供资源支持，包括资金、设备、人力等资源；

⑦完成高层管理者交办的其他任务。

中层管理者与基层管理者的通信方式形成了企业行政物联网五级网的服务平台，其功能即充当服务通信通道。

（2）基层管理者在管理平台上的职能

企业行政物联网五级网中的管理平台是基层管理者，基层管理者负责统筹该级物联网的运行、发挥管理职能。基层管理者的权责包括但不限于如下具体事项：

①对中层管理者负责，在中层管理者的授权下管理企业行政物联网五级网的运行；

②分析和把握中层管理者的具体需求，根据中层管理者的具体指令，实现中层管理者所制订的工作目标；

③统筹和协调企业行政物联网五级网各参与方的关系，组织和安排部门内各项业务，保证中层管理者和基层员工的信息通畅，接收基层员工的

工作汇报和建议，并在初步做出决策后向中层管理者反馈；

④在符合中层管理者所制订规则的前提下，组织开展基层员工管理工作，确定基层员工的具体工作任务，对工作优先等级做出具体安排，责任到人，管控和落实基层员工工作的执行情况；

⑤审核、批准和判断所接收信息的合规性，确保物联网的运行不偏离中层管理者所传达的要求；

⑥获取中层管理者提供的各方面资源，以支撑自身管理活动，接收基层员工提出的工作疑惑和遇到的问题等信息，并指导基层员工开展工作；

⑦完成中层管理者交办的其他任务。

基层管理者与基层员工的通信方式形成了企业行政物联网五级网的传感网络平台，其功能即充当传感通信通道。

（3）基层员工在对象平台上的职能

企业行政物联网五级网中的对象平台是基层员工，基层员工的职能包括服从基层管理者的管理、执行指令。基层员工的权责包括但不限于如下具体事项：

①直接对基层管理者负责，执行基层管理者的行政指令；

②向基层管理者提出有益于公司生产经营和发展的建议；

③服从基层管理者的领导和工作安排，遵守劳动合同，完成本职工作，接受检查，及时汇报工作；

④严格遵守公司管理模式和工作规范，确保工作顺畅高效，规避失误；

⑤提高职业技能、生产力和工作效率，遵守企业的安全生产规章制度和操作规程，服从安全生产管理；

⑥获取基层管理者提供的资源以促成工作任务的顺利执行，并在参网的过程中满足自身的需求；

⑦完成基层管理者交办的其他任务。

3. 企业行政物联网五级网的运行

企业行政物联网五级网中的各平台有序组合，形成了该级物联网中多种多样的信息运行方式。通过竞标获取项目和资金是企业筹资的重要方式之一。下面就以项目竞标这一工作为例，阐述企业行政物联网五级网的多种信息运行方式。

（1）大闭环运行

项目竞标工作的流程通常包括：前期工作（项目信息的收集）、报名、做投标准备、投标（开标）、总结投标工作，如果中标，则后续还有项目的实施、总结和验收等环节。

确定要开展项目竞标这一项工作后，经历组网过程，便会形成一个完整的、由 5 个平台构成的物联网。当这一物联网由中层管理者作为用户平台全权负责时，且中层管理者、服务通信通道、基层管理者、传感通信通道、基层员工共同有序运行，就形成用户平台控制的信息运行闭环，即企业行政物联网五级网的大闭环。

不同类型的竞标项目的负责人可以归属于企业中不同的部门，如采购或销售项目由市场部或营销部门负责，生产基地建设或产品制造项目由生产运营部门负责，投融资项目由财务部门负责，等等。项目竞标的前期工作通常涉及相应部门的多级员工，具体取决于项目对于企业的重要性：如果对企业而言是至关重要的项目，须由总经理直接领导，则决策者是总经理，项目情况最终要向总经理汇报，由总经理进行决策；如果授权给高层管理者或中层管理者全权负责，则决策者是高层管理者或中层管理者。

假设项目的决策者是高层管理者，在企业高层管理者已对年度项目竞标工作进行了规划、对各中层管理者进行了任务部署后，中层管理者接受了任务和授权便可以主持特定项目的竞标工作这一整个物联网。中层管理者通过服务通信通道发布任务，基层管理者把控前期准备情况及整体进度，制订任务节点，通过传感通信通道传递竞标工作要求，在基层员工需要的时候提供资料、信息或其他资源；基层员工在企业所规划的项目领域中收集相关信息，寻找和发掘合适的项目，调查项目的内容、期限、资金、投标要求等情况，并结合企业自身实际，判断其是否适合投标。这便完成了一个企业行政物联网五级网的组建。

基层员工将适合投标的项目资料进行整理，借助传感通信通道向基层管理者汇报，基层管理者对信息、资料进行筛选和判断，再借助服务通信通道向中层管理者反馈，这便是感知信息的运行过程。当这次汇报的项目资料被否决时，则需要重新搜集信息，重复前面的步骤；当项目得到许可，基层员工便接收上级的许可指令，对照招标公告，认真准备报名资料，这便是控制信息的运行过程。同理，报名资料准备得是否合格，也需要（被授权的）决策者进行决定。

前期工作完成后，基层员工报名参与竞标，取得招标文件后，要做好以下投标准备：①对招标文件认真地进行研究、熟悉招标文件的内容及相关要求，按照招标文件的时间安排和要求把控进度；②按要求策划和编制标书；③投标前，标书须获得该事项决策者的许可，由于标书需要接受决策者的评判和许可，因此这一阶段也要进行大闭环运行。

（2）小闭环运行

在准备环节完成后，正式进入投标环节，这一环节属于项目竞标的执行环节，可由基层员工按照已授权的方案自主实施：基层员工按时间要求到达现场，遵守现场竞标纪律，按要求唱标，听候安排，认真记录开标情况；唱标结束后，等候投标结果。全程皆是基层员工和招标方这一信息源之间的互动，此时运行的是对象平台控制的信息闭环。

每次投标完成后，无论是否中标，都要进行总结，查看是否存在失误以及可以借鉴的做法以备以后投标参考。中层管理者、高层管理者可以根据该项目的重要性、级别进行判断，选择是否参与总结。如果仅有基层管理者参与总结工作，则运行的是管理平台控制的信息闭环；如果有中层管理者参与进来，则运行的是用户平台控制的信息闭环，此时转换成了大闭环；如果高层管理者也相当重视，共同参与，则企业行政物联网四级网与五级网共同运行，是多个信息运行闭环的同时运转。

如果取得了中标通知书，则企业要按招标方的要求签订合同、组织施工（或供货）；如果落标则企业按要求接收退回的投标保证金。实施项目进入的是另一个物联网，其运行方式的选择将继续视具体情况而定。

（3）内闭环运行

企业领导不会每天都布置需要完成的工作，这就要求员工要内化行政要求，发挥自己的主动性，积极承担相应的工作业务，即保持内闭环运行的通畅性。

就上述的项目竞标工作而言，如果作为对象平台的基层员工准备的标书需要基层管理者的审批，而基层管理者接收到审批文件后，由于自身能力不足，无法判断标书是否合格，或者因为忙于其他事务而迟迟无法完成审批，那么工作便无法进行下去。在整个环节中，作为管理平台的基层管理者接收到了对象感知信息（标书），却无法传递管理控制信息（审批意见），此时管理平台内部的信息运行是破损的，没有形成感知信息和控制信息之间的闭环；这就进一步导致对象平台发出的感知信息迟迟得不到反馈，接收不到控制信息，对象平台内部的信息运行也存在破损，自身无法形成运行闭环，更不能作用于信息源（向招标方投递标书）。

各个平台的内闭环运行可谓“牵一发而动全身”，不仅影响内部的运行（自己的工作），而且最终会影响整个物联网的运行（他人、部门甚至是整个企业的业务运作）。

（4）运行效果

企业行政物联网五级网的良好运行，有助于密切联系广大基层员工、巩固管理基础，强化企业的执行力，达到令必行、行必果的效果。

第三节 企业职能物联网

企业行政物联网由直线指挥机构和人员组成，各层级人员对其直属下级有发布工作指令的权力；而职能物联网的职责是基于企业整体的利益，协助行政物联网，为企业进行业务上的指导、监督和服务，当然职能物联网中的职能人员也可直接指挥下级（包括直属下级和其他下属人员）。职能物联网是在企业内部落实国家法律法规及公司的各项规章制度的基础上，为完成企业应具备的各项职能而形成的物联网。职能物联网的业务职能由业务的性质决定，是对业务领域相关制度的执行。

《中华人民共和国公司法》不仅明确规定了企业必须设立的组织机构，还规定了公司的财务、会计、法律责任，但对于具体业务设置和部门结构则没有要求，只要符合公司章程、根据实际生产经营需要设立就可以了。不过，企业因必须具有自己的地址（即多数企业都占有一定的建筑实体和土地），并且要通过经营活动对市场及社会创造一定的价值才能更好地生存和发展，因而企业还需要符合其他多项法律规定。

例如，《中华人民共和国城乡规划法》第四条规定："制订和实施城乡规划，应当遵循城乡统筹、合理布局、节约土地、集约发展和先规划后建设的原则，改善生态环境，促进资源、能源节约和综合利用，保护耕地等自然资源和历史文化遗产，保持地方特色、民族特色和传统风貌，防止污染和其他公害，并符合区域人口发展、国防建设、防灾减灾和公共卫生、公共安全的需要。在规划区内进行建设活动，应当遵守土地管理、自然资源和环境保护等法律、法规的规定。”企业是城市建设的一分子，也是其城市发展规划中需要考虑的一环，所以企业中涉及土地利用、污染和公害的防治、防灾减灾、公共卫生和安全等方面的事务都应遵循《中华人民共和国城乡规划法》的规定。

政策、方针等对企业的职能变更也有影响。例如，我国提倡“发展绿色经济，助推‘美丽中国’”，企业也必将响应“保护环境”“美丽中国”等国策，进行产业结构优化和技术升级，厉行节能、降耗、减排。一些企业便可能将安全或环保作为自身发展的其中一项职能，甚至建立 HSE（健康、安全与环境）管理体系或部门。

通常，一个企业应具备哪些职能与企业对自身的定位和从事的活动相关。管理学家法约尔认为企业的全部活动可以分为 6 类：①技术活动，即生产、制造、加工等；②商业活动，即购买、销售、交换；③财务活动，即筹集资本和最适当地利用资本；④安全活动，即保护财产和人员；⑤会计活动，即财产清点，资产负债表，成本和统计等；⑥管理活动，即计划、组织、指挥、协调和控制。企业的组织架构和职能一般情况下会蕴含这些活动，但可以根据需要将某些活动合并成一个职能，或划分为不同的具体职能。

综上所述，一个企业可以根据自身定位、需要、环境及政策的变化，划分出生产职能、市场/销售职能、财会（财务和会计）职能、安全（或 HSE）职能、知识产权职能等，职能相对固定，但也可以适时地变化。

一、企业职能物联网的结构

企业职能物联网为企业整体服务，企业整体即企业的全体成员。企业职能物联网结构如图 5-19 所示：居于用户平台的是企业全体成员；居于管理平台的是职能员工，即负责该项职能工作的员工；处于对象平台的是员工，即该项职能的执行者；服务平台和传感网络平台在理论上可以由职能员工或者其他员工（包括管理者和基层员工）中的任意一者或几者担任，发挥通信功能，服务平台充当用户平台的通信通道，传感网络平台则充当管理平台的通信通道，实现信息在物联网中各平台间的传输。

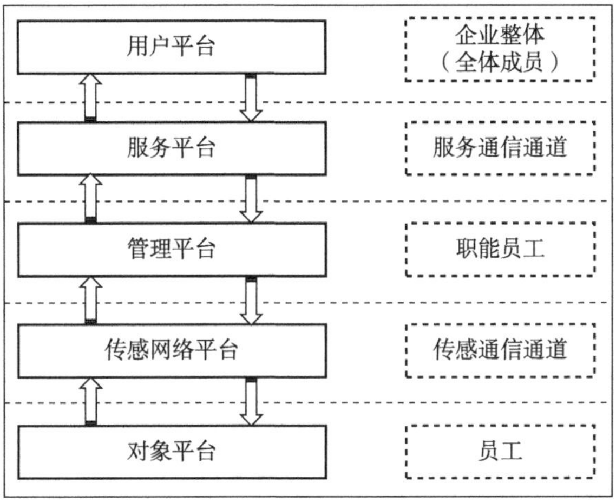

图 5-19　企业职能物联网结构

在该物联网中，职能员工是被授权的管理者，通常是被企业的规章制度授权，即隐性授权；也可以由企业的最高管理者进行授权，即直接的显性授权，这种授权通常是为了应对临时性的重大任务，因此较少出现。

二、企业职能物联网中各平台的职能

企业一般具有安全、财会、生产等职能，下面以企业安全职能为例，分析企业职能物联网中各平台的职能。

1. 用户平台的职能

企业内的“安全”包括生产安全、消防安全、职业安全（职业病防治、工伤保险、心理健康等），其中保障生产安全对于企业而言是重中之重。

《中华人民共和国安全生产法》规定进行生产经营的企业必须做到以下 4 项：①遵守安全生产法和其他有关安全生产的法律、法规；②加强安全生产管理；③建立、健全安全生产责任制度；④完善安全生产条件。为了促使企业能够正常、合法地运营，遵守法律法规、保障生产安全等便成为企业职能物联网中用户平台——企业整体的主导性需求。企业整体基于这些主导性需求组建物联网，确定管理平台并授权于管理平台，通过为整个企业职能物联网的运行制定规则来掌控其运行，提供其他平台运作所需的资源。

2. 服务平台的职能

在企业职能物联网中，服务平台依然是连接用户平台和管理平台的信息传输平台，其主要作用是充当沟通桥梁，使得用户平台所表达的原则上的、抽象程度高、不太明细的安全需求信息能够传达到管理平台，甚至之后的平台；或者使管理平台反馈的感知信息能够传递到用户平台，以此推动物联网的运行。

服务平台仅对获取的安全信息进行较为简单的处理和整合，并做出决断，对于需要进一步处理的安全信息将继续传递到上下两个平台。

3. 管理平台的职能

企业职能物联网中的管理平台为职能人员，其职能是按照国家法律、法规和有关规定，分析用户需求及结合企业的具体情况，做好安全生产的计划、组织、指挥、控制、协调等各项管理工作。其权责包括但不限于以下具体事项：

（1）依法设置安全生产的管理机构、管理人员，建立健全本单位安全生产的各项规章制度并组织实施；

（2）做好对从业人员的安全生产教育和培训；

（3）搞好生产作业场所、设备、设施的安全管理，运用安全目标管理、事故预测、标准化作业、人体生物节律等现代化管理方法，更为有效地做好安全生产管理工作；

（4）在企业安全生产责任制中，职能人员全面负责本单位的安全生产工作，协调其他各级管理人员、部门、技术人员和各岗位操作人员，根据各自的工作任务、岗位特点，确定其在安全生产方面应做的工作和应负的责任，并与奖惩制度挂钩；

（5）保障安全生产的各项物质技术条件，使企业在作业场所和各项生产经营设施、设备、器材及从业人员的安全防护用品等方面符合安全生产的要求。

4. 传感网络平台的职能

与服务平台的职能类似，传感网络平台也是传递信息的平台，但两者连接的平台不同。传感网络平台连接的是对象平台和管理平台，传递的是更为明确和细化的安全信息。传感网络平台处理安全信息的方式有多种情况：当信息非常简单、明确，可以直接处理时，平台内部即可处理；当信息比较明确，但相当重要时，传感网络平台要将此信息向上汇报，使管理平台知悉；当信息不太明确、平台自身难以处理时，更需要上报给管理平台，让上级平台做出决策。

5. 对象平台的职能

企业职能物联网中的对象平台为企业中的任一员工，这些对象从企业职能物联网中获取保障自身安全的物质条件、安全技能培训等资源，服从企业与安全生产相关的各项管理制度，履行自己应尽的安全责任。企业全体员工有依法获得安全生产保障的权利和以自己的行为保证安全生产的义务，其权责包括但不限于以下具体事项：

（1）有关安全生产的知情权，包括获得安全生产教育和技能培训的权利，被如实告知作业场所和工作岗位存在的危险因素、防范措施及事故应急措施的权利；

（2）有获得符合国家标准的劳动防护用品的权利；

（3）有对安全生产问题提出批评、建议的权利，员工有权对本单位安全生产管理工作存在的问题提出建议、批评以及进行检举、控告，生产单位不得因此做出对员工不利的处分；

（4）有对违章指挥的拒绝权，员工对管理者做出的可能危及安全的违章指挥有权拒绝执行，并不得因此而受到对自己不利的处分；

（5）有采取紧急避险措施的权利，员工发现存在直接危及人身安全的紧急情况时，有权停止作业或者在采取紧急措施后撤离作业场所，并不得因此受到对自己不利的处分；

（6）在发生生产安全事故后，有获得及时抢救和医疗救治并获得工伤保险赔付的权利；

（7）在作业过程中必须遵守本单位的安全生产规章制度和操作规程，服从管理，不得违章作业；

（8）接受安全生产教育和培训，掌握本职工作所需要的安全生产知识；

（9）发现事故隐患应当及时向企业安全生产管理职能人员或其行政上级报告；

（10）正确使用和佩戴劳动防护用品。

三、企业职能物联网的运行

企业为自身设定了各项职能后，便形成了一个个完整的企业职能物联网。各类企业职能物联网都遵循共同的运行规则，下面继续以安全职能物联网为例，阐述企业职能物联网的运行方式。

1. 大闭环运行

在大多数情况下，企业的职能较为固定，企业一般从日常管理中落实其职能，从而保障自身的有序运行。

用户平台提出主导性需求：企业整体要求其内部的人、财、物、环境等均应具有较高的安全系数，代表企业的最高管理者通常直接向安全职能人员或其行政上级（这种情况下，最高管理者或职能人员的行政上级充当服务通信通道）提出要求、表达其需求。

管理平台对企业及员工的安全进行统一管理。安全职能人员通过自身、行政上级或其他员工的传达获取到了用户平台的需求，然后便负责统筹和管理企业的安全职能相关事项：①针对人的安全，决定对所有员工分阶段进行安全技能培训，让新入职员工了解公司的安全规章制度并认真践行，对所有已在践行企业安全规章制度的员工进行效果评价，让员工提出安全方面的改进意见，甚至提出进一步的安全技能培训需求；②针对财务的安全，要求员工遵循公司的财务制度，保护公司财产；③针对物的安全，督促员工按照安全生产责任制度摆放生产原料、产品等，不在生产区域吸烟、使用明火等；④针对环境的安全，除要求全体员工保护环境、杜绝污染行为外，还要检测企业的生产环境是否符合标准，对于会产生污染物的生产工艺进行技术提升，以降低或去除污染危害性；等等。

安全职能人员可以通过会议或活动的方式，自己充当传感通信通道，也可以直接联络目标对象群体所在部门的行政上级，让这些上级传达安全职能任务或指令。

目标员工在接收到任务或指令后，便采取相应的措施。至此，企业安全职能物联网的组建便完成了。

目标员工对外部信息源进行感知，生成对象感知信息，例如，按照企业规定正确使用和佩戴劳动防护用品进行作业，发现较为重大的事故隐患能够及时向企业安全职能人员或行政上级报告，直到用户平台知晓并采取控制措施，层层落实下去。在安全职能物联网中，用户平台、服务平台、管理平台、传感网络平台、对象平台共同运作，感知信息和控制信息在五平台上形成完整的运行闭环，即大闭环运行方式。

2. 小闭环运行

当员工遇到突发的安全事件时，可以根据具体情况选择最恰当的信息运行方式。

针对员工在工作期间遇到地震或火灾等不可控的、牵涉面较大的安全事件时，企业员工可以自行做出判断和决定，自发地选择扑灭火灾、到安全地带避难，这就属于员工这一对象平台与地震、火灾等信息源之间形成的信息运行小闭环。企业全体员工和职能人员在大家成功避难之后再分析情况、总结经验和教训、改善安全情况。简而言之，员工在安全事件发生的当下在安全职能物联网中运行了一个小闭环，但在之后也可以运行管理平台控制的小闭环或用户平台控制的大闭环。

针对发生一般的突发安全事件时，例如，企业的生产车间里某条生产线上有一个工作零件短路冒烟了，负责操作的员工发现了这一情况，如果能够根据自身的经验来解决，则直接采取紧急措施，进行检测和维修，这同样属于采用对象平台控制的小闭环；如果员工根据自己的经验暂时无法做出处理，需要计算机数据库或以其他方式获取的大量数据作为支撑进行测算，则根据这一测算结果便能进行决断，这就属于采用传感网络平台控制的小闭环；如果还需要安全职能人员现场指导或给出管理意见，则属于管理平台控制的小闭环；以此类推，直到需要用户平台做出裁决，则转换为大闭环运行方式。

由此可见，各个企业职能物联网的运行虽有一定章法可循，但参与其中的人员仍然需要发挥自身的能动性，依照最适原则选择最合适的信息运行方式，而非墨守成规、按部就班。

3. 内闭环运行

在企业职能物联网中，各个平台的建议和意见在物联网中层层上传到用户平台，用户平台基于接收到的感知服务信息进行内部运作，如对战略规划、职能划分或调整的工作部署等，进而发出有益于企业的控制信息，推动整个企业持续发展。用户平台内闭环良性运作的关键是保障企业职能清晰，使各项职能的发挥最终能够实现企业的发展目标。

职能人员内部运作的关键点是要对自身的职能以及该职能对于公司的作用有清晰的认识和准确的定位，并且有能力对企业的这一职能进行统筹和规划，推动所有相关人员共同执行，为达到这个目标就需要不断提升自己的认知水平和管理能力。企业管理平台内闭环的良性运作，应当整合企业资源、协调相关部门和人员，使企业职能得以发挥。

企业员工内部运作的关键点则是激发自己的工作积极性、积累工作知识和经验。只有具备工作积极性，员工才能不断地了解企业和自身的工作要求，才有可能为了更好地完成工作而努力并服从企业的管理。如在安全职能物联网中，员工认真对待安全生产教育和培训，努力掌握本职工作所需要的安全生产知识；严格要求自己按照规章制度执行，不做企业禁止的损耗财产、随意堆放物料或产品、污染环境的行为；等等。只有不断积累知识和经验，员工才能更好地应对各种工作情况、不断提升自己，进而发挥更大的价值。对象平台内闭环的良性运作，是企业各项职能得以实现的坚实力量和基础。

服务平台内闭环和传感网络平台内闭环的良性运作，应当做到真实、准确、快速、有效地处理信息，从而进一步保障信息的有效传递。

4. 运行效果

企业职能物联网的良好运行，能够使企业内部有力地执行其规章制度，准确分配企业职能方面的任务、落实责任；使企业内各职能部门或人员紧密联系、相互作用，减少企业在安全、财会、生产等方面的疏漏，促进企业综合实力的提升；最终使企业符合市场经济规范，适应社会化大生产的需要。

第四节 企业授权业务物联网

企业授权业务物联网是处理规章制度中对其岗位有明确规定具体事务的一类物联网，即因工作岗位上的业务而形成的物联网，其中通常隐含行政物联网的安排，或者有明确的行政指令，在一定程度上是行政上级意志的体现。

企业里每个岗位都有相应要负责的业务，可以通俗地理解为本职工作。每一项本职工作的开展、执行和完成，也需要组建物联网来进行。这时候为完成工作职责内的业务而组建的物联网就是授权业务物联网，授权业务物联网主要是以事为导向而组建起来的物联网。

为了更清晰、简洁地进行说明，本节主要以宣传工作这一项业务为例进行阐释。

一、企业授权业务物联网的结构

企业授权业务物联网结构如图 5-20 所示。

在企业授权业务物联网中，用户平台为该项授权业务的发起人，既可以是分管此项业务的领导、负责该项业务的部门负责人，也可以是业务主管或员工等。以宣传工作来说，此时的用户平台可以是分管宣传板块的领

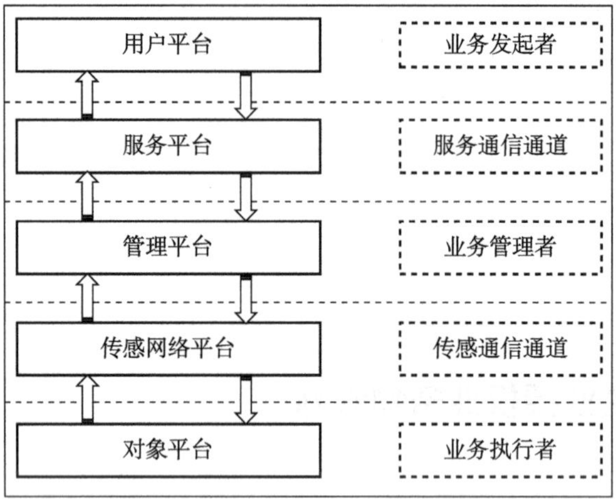

图 5-20 企业授权业务物联网结构

导、宣传部门的负责人、某项宣传工作的主要负责人等，统称为“业务发起者”，该企业授权业务物联网是为了满足用户平台的宣传需求而组建的。

管理平台为该项授权业务的管理者，由用户平台指定和授权，管理平台可以由业务发起人自身、业务发起人下级或者业务执行者等组成。以宣传工作来说，管理平台即为此次宣传工作的主要负责人。

对象平台为该项授权业务的执行者，该执行者由谁担任可以由行政职级来确定，也可以由业务的关联关系来确定。

服务平台和传感网络平台可以由业务发起者、业务发起者的下级、业务执行者中的任意一人或几人担任，发挥通信功能。服务平台充当用户平台的通信通道，传感网络平台充当管理平台的通信通道，实现信息在物联网中各平台间的传输。

需要明确的是，宣传授权业务物联网中 5 个平台的员工都和该业务有直接关联关系，即该项业务都在各平台对应人员的业务范畴之内，是其直接被授权的业务。企业授权业务物联网中隐含着部分行政关系，每个平台之间存在天然或者明确授权的上下级关系。

二、企业授权业务物联网中各平台的职能

为了保证该物联网的有效运行，有必要厘清企业授权业务物联网中 5 个平台各自的职能，下面仍以宣传工作为例进行说明。

1. 用户平台的职能

宣传授权业务物联网中用户平台的职能主要包括以下 3 个方面：主导物联网的组建、掌控物联网的运行、提供资源等。

（1）主导物联网的组建：用户平台提出其在企业授权业务物联网中的主导性需求，即对某事项进行宣传，提升公司形象，更好地为公司的经营管理活动服务。用户平台在明确了自身需求后，为使需求得以实现，这时需进行物联网的组建。组网过程包括 3 步：确定管理平台—授权管理平台—由管理平台统一负责组建授权业务物联网。

作为用户平台的业务发起者（如分管宣传的领导）首先要确定管理平台来统一管理整个宣传授权业务物联网，管理平台可以是业务发起者本人，可以是业务发起者的下级（如宣传主管），也可以直接由业务执行者担任。

确定管理平台后，用户平台应根据实际情况，比如宣传事件的重要性、宣传平台的重要程度、关键时间节点、管理平台的个人经验和能力等多种因素，进行综合判断，将本来属于用户平台的信息进行收集、存储、使用等权利全部或部分授予管理平台。

为了使用户平台的需求得以实现，除了确定和授权管理平台外，还应确定特定对象（如宣传专员）作为对象平台，去执行该项业务的具体工作。作为对象平台的宣传专员落实宣传方案的确定、宣传稿件的撰写、媒体对接等具体工作。

服务平台可以由分管宣传的领导或宣传主管等担任，传感网络平台可以由宣传主管或者宣传专员等担任。至此，各功能平台通过有序组合，形

成相互协调且共同满足自身需求的物联网。

（2）掌控物联网的运行：宣传授权业务物联网组建完成后，用户平台依然掌控着整个物联网运作的规则制定以及信息的运行情况。

宣传授权业务物联网信息的采集、存储、使用，以及信息闭环运行方式等均由用户确定。分管宣传的领导作为用户平台应确定此次宣传应该在多长时间内完成，信息内容是以现场采集还是以官方媒体报道为主，宣传效果应该达到何种程度，以及确定宣传的主题、基调和设计风格等。

各平台对信息的处理方式是否符合用户平台的需求均由用户决定，如用户平台对其他平台提交的每一次方案拥有审批通过或提出修改要求的权利。

（3）提供资源：在宣传授权业务物联网中，是由用户平台来提供其他功能平台满足用户需求所需要的资源，并使其他功能平台在满足用户平台需求的同时也满足自身参与性需求，如完成工作业绩、获得报酬、获得工作认同感等方面的参与性需求。

2. 服务平台的职能

宣传授权业务物联网中服务平台的职能包括参与物联网、直接服务用户、传输信息。

（1）参与物联网：和其他非用户平台一样，服务平台有参与物联网的职能，满足自身的参与性需求以及获取用户平台提供的资源。

（2）直接服务用户：服务平台在宣传授权业务物联网中，应该遵循该网中用户平台制定的规则，服从管理平台的管理，才能保证该物联网中每个平台有条不紊地运行，以避免出现混乱、效率低下、偏离用户需求（如弄错宣传方向，导致其他平台执行时出现偏差）、危害用户平台利益（如造成公司损失）等问题。

（3）传输信息：服务平台主要负责管理平台和用户平台之间的信息通信，当用户平台下达最新的宣传需求时，比如作为用户平台的宣传分管领导决定将本次宣传任务往后调整 3 天、宣传规模扩大一倍时，服务平台需要及时将新需求信息传递给管理平台，以便作为管理平台的宣传主管能够及时进行宣传工作的调整和安排。

3. 管理平台的职能

宣传授权业务物联网中的管理平台，由用户平台确定和授权，根据用户制定的规则，开展管理工作，其职能包括参与物联网和对物联网进行统一管理，即分析用户需求、策划和统筹、组织和安排等。

（1）参与物联网：管理平台在宣传授权业务物联网中获取网内用户平台提供的资源，一方面要做出自己的贡献，做出宣传工作业绩；另一方面要满足自己的参与性需求，获取工作报酬等。

（2）对宣传授权业务物联网进行统一管理：管理平台需要通过服务平台与用户平台进行充分的信息沟通和交流，以便准确、清晰、全面地分析和掌握用户平台的宣传需求。比如针对某次需要被宣传的事件，作为管理平台的宣传主管必须充分了解其分管领导对此次宣传的定位、对宣传重要性的判断、对宣传基调和样式设计的大体意见，宣传主管才能指导作为对象平台的宣传专员具体去策划宣传方案、撰写宣传文稿、设计宣传品等工作。

在充分了解了用户平台的需求后，被授权的宣传主管可以在相应的企业授权业务物联网内进行统筹、组织和安排。宣传主管将分管领导的需求，转化为具体的可执行的工作内容，合理分配给相应的平台，让整个物联网从上到下共同落实用户平台的指令。

此外，作为对象平台的宣传专员将完成的方案、文稿及时通过传感网络平台交给管理平台审批，作为管理平台的宣传主管则及时对其阶段性工作成果进行指导、管控、落实。对于符合用户平台需求的宣传成果可由管理平台直接向用户平台传递；不符合需求的成果则交回给对象平台重新修改，及时纠正错误，进一步明确方向，督促宣传授权业务物联网顺利地运行，直到实现用户平台的需求。

4. 传感网络平台的职能

宣传授权业务物联网中传感网络平台的职能包括参与物联网、服从管理和信息通信。

（1）参与物联网：传感网络平台有参与物联网的职能，与其他平台类似，都需要获取用户平台提供的资源，贡献自身的服务或功能，满足自身的参与性需求。

（2）服从管理：传感网络平台应当遵循该网中用户平台制定的规则，服从管理平台的管理，更好地完成用户平台的指令。

（3）信息通信：传感网络平台主要负责对象平台和管理平台之间的信息通信，以保证管理平台和对象平台之间的感知信息及控制信息的高效运行。比如在宣传主管对用户平台的需求进行了准确分析后，传感网络平台（宣传主管/宣传专员/其他员工）则进行信息处理，例如，应该如何体现调整方案、具体落实工作，并进一步传达给作为对象平台的宣传专员。

5. 对象平台的职能

宣传授权业务物联网中对象平台的职能包括参与物联网、服从管理和执行指令。

（1）参与物联网：和其他非用户平台一样，对象平台也有参与物联网的职能，需要获取用户平台提供的资源、贡献自身的服务或功能，满足自身的参与性需求。

（2）服从管理：作为对象平台的宣传专员在宣传授权业务物联网中，应该按照宣传主管确定的完成时间、进度安排、具体方案等开展工作，而不应不听指挥、随意发挥，影响该次宣传工作的顺利进行。

（3）执行指令：用户平台的需求，最终需要通过对象平台的执行来完成。宣传专员在接收到具体的宣传信息和指令后，按照宣传授权业务物联网内的规则和宣传主管的管理要求进行具体的宣传方案制定、宣传文稿撰写、设计稿审核等相关工作。

三、企业授权业务物联网的运行

1. 大闭环运行

对整个宣传业务定性之后，便进入组网过程：作为用户平台的分管领导决定对企业的某一个事项进行宣传，此时通过服务平台安排其下属——宣传主管来主要负责，宣传主管即成为管理平台，宣传主管制定管理方案后，通过传感网络平台安排宣传专员作为对象平台具体开展宣传方案制订、宣传文案撰写等工作。这一过程便完成了物联网的控制信息从用户平台到对象平台的运行。

完成组网，便会形成一个完整的宣传授权业务物联网，这种运行方式为“大闭环”，即用户平台、服务平台、管理平台、传感网络平台、对象平台这五平台所对应的信息共同运作的闭环。

在该物联网中，宣传专员完成了宣传方案制订等具体工作后，通过传感网络平台上传给宣传主管；宣传主管审核通过，通过服务平台汇报给分管领导，由分管领导决定是否执行该方案。这便是一个完整的感知信息运行过程。分管领导批准该方案可执行，控制信息便从一个个平台下发给宣传专员去执行，此时大闭环运行完成。

2. 小闭环运行

小闭环运行即在某次具体事务中，信息不一定在五平台中进行完整的一次运行，只需在其中几个平台对应的信息域中运行。

比如有时可能会出现信息仅从管理平台到对象平台之间的小闭环形式，即管理平台控制的信息运行小闭环。作为管理平台的宣传主管接收到了工作要求，并被授予全权负责的指令，管理平台再通过传感网络平台给作为对象平台的宣传专员布置工作任务，对象平台完成工作后，管理平台审核通过，即进行宣传报道，此时便完成一次小闭环信息运行。

以此类推，还可能出现对象平台控制的信息运行小闭环、传感网络平台控制的信息运行小闭环、服务平台控制的信息运行小闭环。

3. 内闭环运行

除了平台外部的运行方式外，每个平台内部也均有信息运行闭环。每个平台内部都会进行自我管理，此时每个平台内部可以自行组网，自己担任每个平台的角色。

在宣传授权业务物联网中，对象平台的内闭环运行情况很多。对象平台执行许多具体的宣传事项，比如搜集资料、整理大纲、撰写宣传文稿草稿、修改和校对文稿等工作都由其自身来完成，此时采用的就是内闭环信息运行方式。

内闭环的良好运行可以在一定程度上提高信息的运行速度，保证整个宣传授权业务物联网的高效运转。

4. 运行效果

企业授权业务物联网起到的作用是保证企业中某项业务能在长期的管理中有条不紊地开展，避免出现混乱、职权不明等情况。比如宣传授权业务物联网，就可以保证企业每次宣传工作都能高效地完成，达到公司预期的宣传效果。

在该物联网中，大闭环信息运行方式能够以事为导向明晰某项具体业务中各平台的职责；小闭环和内闭环信息运行方式则有助于提速增效，促进该物联网的良好运行。

第五节　企业关联业务物联网

企业关联业务物联网是相对于授权业务物联网而言的。企业关联业务物联网是处理功能上存在一定关联性，但制度没有规定又尚不具备行政安排的具体事务的一类物联网，该项业务需要其他行政体系的人员进行协助，比如跨部门的工作。

针对无企业规章制度做出明确规定或无行政安排，而又与企业息息相关、对公司有益的业务，则业务需求者需要寻求企业内的其他员工协助，实现跨部门、跨领域的工作。

关联业务和授权业务一样，都是以事为导向，不同的是，对于关联业务物联网中各功能平台的人员来说，该业务并非各关联方岗位内十分明确的职责，因而无法明确完全责任人，但它又和其本职工作有部分关联性。

为了更便于理解，下面以企业品牌手册的制作为例进行说明。假设品牌手册的制作是品牌部的分内工作，整项工作均由品牌部内部完成，则组建的物联网就是品牌手册制作授权业务物联网；但是，现在品牌手册里有部分公司产品的技术优势分析需要技术部完成，此时，由品牌部和技术部共同组建的物联网，就是品牌手册制作关联业务物联网。因为对于技术部来说，制作品牌手册不是其分内的工作，但是公司产品的技术优势分析是其本职工作，所以品牌手册中的技术部分是与其岗位相关联的工作。

一、企业关联业务物联网的结构

企业关联业务物联网的用户平台是该业务的发起者，管理平台是关联业务的管理者，对象平台是关联业务的执行者，并且业务发起者、业务执行者或其他人员都可以充当服务平台、管理平台和传感网络平台。

在上文提到的品牌手册制作关联业务物联网中，业务发起者为品牌部部长，管理平台为品牌主管，对象平台为技术部专员，服务平台可以为品牌部部长、品牌主管或其他人员，传感网络平台可以为技术部专员、品牌主管等。

企业关联业务物联网结构如图 5-21 所示。

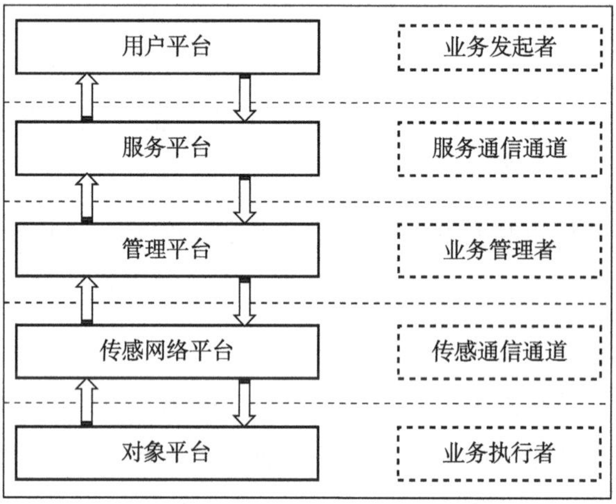

图 5-21　企业关联业务物联网结构

二、企业关联业务物联网中各平台的职能

1. 用户平台的职能

和其他类型的企业物联网一样，企业关联业务物联网的用户平台，其职能为提出用户需求、主导该物联网的组建、掌控该物联网的运行、提供

资源等。

在品牌手册制作关联业务物联网中，作为用户平台的品牌部部长提出制作一套品牌手册的需求，其中有一章为公司产品技术优势介绍，该部分需要详细的技术分析、产品参数等内容，因此用户平台便主导一个与技术部相关联的业务物联网的组建。

2. 服务平台的职能

品牌手册制作关联业务物联网中的服务平台，其职能为参与物联网、直接服务用户、传输信息。服务平台可以由与品牌业务相关联的品牌部部长或品牌主管等人员担任，服务平台需要及时将管理平台的感知信息反馈给用户平台，也需要将用户平台的控制信息准确及时地传递给管理平台。

3. 管理平台的职能

品牌手册制作关联业务物联网中的管理平台，其职能为参与物联网和统一管理，即分析用户需求、策划和统筹、组织和安排、进行指导等。

作为管理平台的品牌主管接收到工作任务后，通过分析用户需求，发现凭借自己或本部门不能完成品牌手册“公司产品的技术优势”这一章节的制作。于是经过策划和统筹、组织和安排等相关管理环节，决定需要跨部门进行合作。品牌主管整理好所需要的信息范围、想要达到的程度描述和效果说明等，联动技术部专员，由其配合完成执行工作。再根据技术部专员的工作反馈，对其进行指挥和指导、协调、管控执行等相关工作。

4. 传感网络平台的职能

品牌手册制作关联业务物联网中的传感网络平台，其职能为参与物联网、服从管理和信息通信。该传感网络平台可以是技术部专员或品牌主管等人员，应起到有效传递对象平台和管理平台之间的感知信息和控制信息的作用。

5. 对象平台的职能

品牌手册制作关联业务物联网中的对象平台，其职能为参与物联网、服从管理和执行指令。技术部专员参与该网后，按照管理平台提出的具体要求，提供相关内容和参数，根据其修改意见进行调整，并及时反馈给管理平台，共同把品牌手册中“公司产品的技术优势”章节的制作内容完成好。

三、企业关联业务物联网的运行

1. 大闭环运行

大闭环运行，即用户平台、服务平台、管理平台、传感网络平台、对象平台这5个平台共同运作的闭环。在品牌手册制作关联业务物联网中，技术部专员根据品牌主管所组建的这一物联网的要求，提供技术优势和相关参数内容，经过传感网络平台的信息沟通和传递，最终符合了制作品牌手册的要求，品牌主管审核通过；接着作为管理平台的品牌主管通过服务平台将此部分内容提供给作为用户平台的品牌部部长，品牌部部长审核通过；品牌部部长再将审核结果传递下来，各平台依照指令进一步开展工作。此时就完成了一次完整的大闭环信息运行。若其中某平台需要不断反馈、修改且得到用户平台的批准，则需要重复进行几次大闭环信息运行。

2. 小闭环运行

小闭环信息运行即在处理某项具体业务中，信息无须在5个平台中进行完整的一次运行。例如，在某些时候，信息只需要在管理平台和对象平台之间运行就可以了。

在品牌手册制作关联业务物联网中，作为管理平台的品牌主管得到了用户平台的授权，全权负责该项业务的推进。管理平台通过传感网络平台向对象平台的技术部专员提出配合工作的需求，对象平台依照指令完成工作后，即完成技术优势和相关参数内容的提供，经由传感网络平台向管理平台呈现工作成果，管理平台审核通过，此时管理平台控制的信息闭环即小闭环运行完成。

以此类推，还可以出现由对象平台控制的、传感网络平台控制的、服务平台控制的信息运行小闭环。

3. 内闭环运行

企业关联业务物联网除了平台外部的信息运行方式外，每个平台内部均有信息运行闭环。为了工作能顺利开展，每个平台内部都会进行自我管理。

在品牌手册制作关联业务物联网中，作为对象平台的技术部专员，需要整理自己岗位职责内关于技术优势、参数等方面的材料，也需要继续搜集相关资料、分类整理、进行核对等，此时进行的就是对象平台控制的内闭环运行。

内闭环的良好运行可以提高整个物联网的运行效率，如对象平台控制的内闭环运行良好，就可以减少信息在管理平台和对象平台之间的往返次数，节省工作时间，满足工作要求。

4. 运行效果

企业关联业务物联网通过各功能平台的有效运行，可以有效地解决企业中经常出现的“跨部门”情况，每个岗位的员工可以迅速找准自己在该网内所处的平台，共同积极推进事项的完成，满足用户平台的需求。

在品牌手册制作关联业务物联网中，以品牌部作为用户平台的一项业务，可能需要若干相关联的其他部门的配合，比如技术部、产品部、生产部、销售部，而品牌部与这些部门并没有隶属关系，如何有效推进工作的进行呢？这时就需要品牌部组建多个均以品牌部为用户平台、以关联部门作为对象平台的关联业务物联网来解决。这样可以有效避免业务推进的迟缓甚至停滞，减少部门间的矛盾冲突、权责不明等情况，而将精力集中在某项具体的业务上。

企业关联业务物联网的有效运行可以避免出现部门间配合不好、互相推诿等情况的发生，对提高管理效率、优化公司的管理秩序具有重要的实践指导意义。

第六节 企业自组物联网

企业自组物联网是为了处理企业中不属于业务范畴、不以行政命令强制执行的事务，基于个人责任感和能动性而形成的临时的、组织性松散的物联网。当前面提及的 4 种物联网均不涉及某项事务时，而此项事务对公司有益，公司内所有成员均可以自行组网，促进该项事务的完成。

自组物联网，即自发组织的物联网，它与行政物联网、职能物联网、授权业务物联网、关联业务物联网不同，不与员工个人目前所处的行政、职能、业务相关联。自组物联网一般是在员工个人（公司所有员工中的任意一人）因突发某一情况或发现某些问题时，从其个人的角度，通过经验和常识分析，判断出该情况或问题具有潜在危险性或该项事务会损害公司利益等，且在已有行政物联网、职能物联网、授权业务物联网、关联业务物联网 4 种网中，无法匹配到相应的物联网时，而以处理事件、解决问题为目的，自发地组建而成的。

自组物联网可以是临时的，待问题解决后自然解散，也可以在事务或问题解决后，纳入符合国家法律法规、公司的各项规章制度及满足公司业务发展需求的关联业务物联网、授权业务物联网、职能物联网甚至行政物联网中。

企业自组物联网的建立更多是依靠员工对客观规律的经验总结（常识），通过发挥其主观能动性对遇到的事务进行分析研判，寻求相应的解决和处理方案。本节将会基于物联网的三体系、五平台基础理论对企业自组物联网的结构及其运行体系进行分析。

一、企业自组物联网的结构

在企业自组物联网的结构中，用户平台、服务平台、管理平台、传感网络平台、对象平台的结构与物联网的五平台基础结构是保持一致的，如图 5-22 所示。在企业自组物联网中，用户平台和管理平台的主体是较为明确的，即员工个体，但由于该物联网本身的特殊性，即为了应对事件而自主形成的物联网，具有较强的灵活性和不确定性，所以服务平台、传感网络平台、对象平台的主体可以根据事务内容和性质而发生变动。

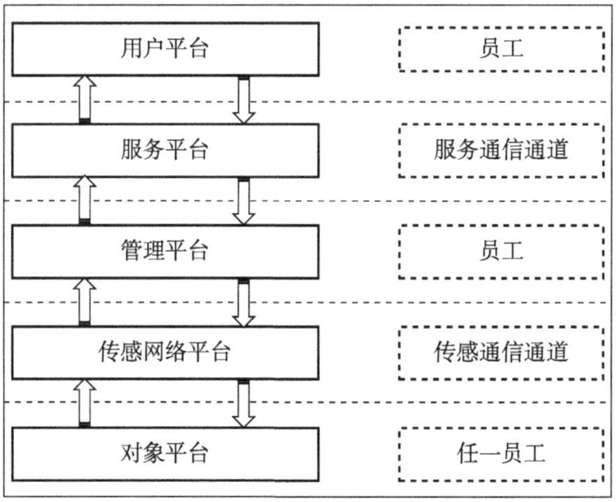

图 5-22　企业自组业务物联网结构

通常情况下，由于员工个体对企业有着高度的责任感、内化了企业的各方面要求，成为需求产生的主体，并主导自组物联网的建立，已满足用户平台的特征，因此居于用户平台的即员工个体；居于管理平台的亦是员工个体，由员工个体对整个自组物联网进行统一管理和控制；居于对象平台的主体，可以是该员工个体，也可以是提出相应解决方案的执行者；服务平台和传感网络平台，在理论上可以是由事件中所涉及的各个环节上的相关行政部门、职能部门、业务部门责任人或是执行者担任主体，该平台的主体一方面发挥通信功能，另一方面提供相应的服务；传感网络平台则充当管理平台的通信通道，实现信息在物联网对象平台与管理平台之间的传输。

二、企业自组物联网中各平台的职能

在企业正常运行的过程中，会出现一些在既定规章制度之外的事务或情况，这时需要员工具备自主意识，能够根据事务的内容进行组网，并明晰各个平台的职能，保证物联网的有效运作，实现公司利益的最大化。下面以一个具体事项为例对企业自组物联网中各平台的职能进行阐述。

案例情况概述如下：某公司根据发展需求，计划在保证正常生产运营的基础上，对部分楼宇进行装修，并聘请了装修公司提供劳务。某日，某员工驾车上班，进入公司后汽车轮胎被钉子扎破，该员工立刻向行政部门负责安全管理的职能人员进行汇报，商讨安全隐患的解决方案，以防止类似安全隐患的再次发生。

1. 用户平台的职能

企业自组物联网的用户平台是物联网中信息的发现者、拥有者，具有决定该物联网中信息的收集方式、存储方式、使用方式以及信息闭环运行方式等方面的权力，即制定物联网运行规则的权力。基于这些权力，用户平台可具有以下几个方面的职能：提出用户需求、主导企业自组物联网的组建、掌控该物联网的运行、提供资源等。

在安全隐患处理这一自组物联网中，该员工的需求就是主导性需求，从个人利益层面分析，一是为了解决个人利益相关问题；二是从公司层面考量，该员工的需求也可转化成企业在个人财产管理、人员管理等安全制度管理方面的需求。

基于这些主导性需求以及事件的内容和性质，由员工个人作为用户平台，继而确定管理平台、授权管理平台，选择特定对象为其服务，便完成了该自组物联网的组建过程。

自组物联网的组建以及信息的运行均是为了满足用户平台的需求而进行的，用户平台掌控着整个物联网运作的规则，主导着该物联网中信息的运行，并为其他平台提供运作所需的资源。如本案例中，某员工作为用户平台，其职能之一就是提供事件发生现场的具体信息等资源。

2. 服务平台的职能

在自组物联网中，用户平台和管理平台均为员工个体，服务平台的主体也可以是员工个体或其他人员。自组物联网中服务平台的职能包括参网、直接服务用户、传输信息。一般来说，服务平台传递的主要是带有原则性、抽象性以及概括性的信息。

3. 管理平台的职能

自组物联网的管理平台是由用户平台确定和授权的，并根据用户平台制定的规则，开展管理工作，协调物联网各平台之间的运行。在自组物联网中，管理平台通常由员工个人担任，管理平台的职能包括参与物联网和进行统一管理，即分析用户需求、策划和统筹、组织和安排、指挥和指导、协调、管控执行等。

管理平台全程参与自组物联网的组建和运行，一方面，分析用户诉求，转化成可执行且明确的工作内容；另一方面，根据企业的组织架构、职能分工、业务负责找到对应的行政、职能或业务部门沟通用户平台自身的需求，并对事件的处理进行有组织、有意识、有策划的管控和落实。

4. 传感网络平台的职能

在自组物联网中，传感网络平台的职能包括参与物联网、服从管理、信息通信，它主要负责对象平台和管理平台之间的信息通信。其主要职能——充当信息通信通道，同服务平台的职能较为相似，但与服务平台传递出的信息内容不同，传感网络平台传递的信息必须是明确、详细的信息指令，以确保对象平台能够准确执行管理平台的指令。

管理平台分析出用户平台的需求后，就需要传感网络平台将需要落实的具体工作信息传递给对象平台，并将对象平台的工作情况及时反馈给管理平台。

5. 对象平台的职能

自组物联网中对象平台的职能是在自身需求的驱动下参与物联网，遵循用户平台制定的物联网规则，服从管理平台的管理，通过获取到的资源执行具体的信息和指令。

三、企业自组物联网的运行

1. 大闭环运行

针对某一事务从用户平台的需求出发进行分析，逐步拆解问题，并判断和选择各个平台的主体，最终进行执行、反馈和控制的过程，便是一个完整的自组物联网的“大闭环”运行方式，即用户平台、服务平台、管理平台、传感网络平台、对象平台共同运作的闭环。

自组物联网的五平台结构是稳定的，但各个平台的主体是不固定的。自组物联网的大闭环运行方式中各平台的主体会因事务内容的变化而变化，显示出多样性，但其整体运行逻辑仍然是 5 个平台共同运行的闭环。

在上述安全隐患处理事件中，员工个人作为用户平台，发现了一个潜在的安全风险，且在现存的企业管理制度中无法匹配到相应的物联网类型来解决问题，于是员工主动建立起一个自组物联网。根据事件的性质和涉及的内容、人员等，确定负责安全管理方面工作的职能人员、相关负责人或执行者就是该安全隐患处理自组物联网的对象平台。

服务平台则在用户平台和管理平台之间进行双向的信息传递，作为服务平台的员工（在自组物联网中经常是用户平台自己），通过将用户平台的信息、资源以及需求传递给管理平台，如将事件发生时的环境、背景情况等信息汇总整理并传递出去，行使自己在服务平台上的职能。

当信息传递到管理平台后，位于管理平台的主体通过分析用户平台的信息和各种资源，找到负责安全管理方面工作的职能人员等进行报备，并通过与用户平台沟通，了解其需求，跟进事件的处理进度。管理平台对整个自组物联网进行管理和控制，梳理出对应的解决方案和实施步骤，再通过传感网络平台传递给对象平台。

安全隐患处理自组物联网中的传感网络平台可以是员工个体，亦可以是负责安全管理工作的职能人员，负责将管理平台交办的具体工作信息传递给居于对象平台上的相关执行者。至此，便完成了重要的组网过程，连接起处于各个平台上的主体。

完成组网后，该自组物联网进行感知信息的运行，过程如下：居于对象平台上的相关执行者对信息源进行感知，例如，查看监控录像找到相关工作人员，调节双方赔偿方案，重新审核安全制度，修改安全管理条款等具体执行事项；之后相关执行者草拟解决方案，由传感网络平台将处理信息反馈给管理平台，管理平台将每个执行步骤进行汇总整理，并由服务平台筛选和简化信息，反馈给用户平台。

用户平台做出决策，从而开启控制信息的运行过程：用户平台的决策信息经由服务平台传递给管理平台，管理平台进一步处理该指令，再通过传感网络平台告知对象平台，对象平台则执行该指令，对具体事项进行运作，解决安全隐患，以此来满足用户平台的需求。如此便形成了一个自组物联网的大闭环。

2. 小闭环运行

小闭环运行即在某个具体事项基础上形成的自组物联网中，信息无须在5个平台中进行完整的一次运行。例如，有时可能会出现信息仅从对象平台到传感网络平台再到管理平台的小闭环运行形式。

在安全隐患处理自组物联网中，处于管理平台的员工个人在得到传感网络平台汇总的详细的事务信息处理情况及对象平台提供的具体实施方案后，就可以授予对象平台具体的执行权力，该具体实施方案的相关信息则不需要通过服务平台上传到用户平台。例如，用户平台无须知道对象平台是通过哪一位保安，或者是通过哪一个摄像头机位发现的，诸如此类详细具体却对整个事件处理的结果不起关键作用的信息，只在对象平台与管理平台之间进行传递即可，这一运行方式就是小闭环。

以此类推，还可以出现由对象平台到传感网络平台、服务平台以及直接作用于信息源的小闭环运行情况。

3. 内闭环运行

在自组物联网中，除了各个平台间协同运行的大小闭环外，在平台内还存在内闭环信息运行。内闭环运行就是在平台内部可以组成一个物联网，该物联网中的平台可以都由自身担任。

在安全隐患处理自组物联网中，作为对象平台的相关执行者，在执行管理平台下发的指令时，需根据方案和指令，确认应协调的相关人员、何时协调、协调失败如何补救、何时查看监控录像等，这些都是对象平台内部的信息运行。相关执行者在其内闭环中充当各个平台，进行自我决策、自我管理、自我传输、自我感知并控制执行全过程，这就是对象平台内闭环。

在自组物联网中，需要5个平台的主体都具有较高的自省、自控能力及主观能动性，能从突发的事件中找到突破口，实现自身内闭环的良好运行，以此保证信息运行的质量，从而促进整个自组物联网的高效运转。

4. 运行效果

自组物联网起到的作用是能够及时高效地应对突发事件或紧急事务，起到补充完善企业管理流程及制度的作用，并通过该物联网的建立达到逐步完善其他类型的企业物联网的目的。

如上述的安全隐患处理自组物联网，虽然是临时组建的物联网，但是对象平台的执行步骤和方案，可以汇总成对公司现有安全制度具有补充和完善作用的条例，并进一步完善与企业安全管理职能相关的行政物联网、职能物联网、授权业务物联网以及关联业务物联网，保证企业物联网体系的高效运转，实现公司利益的最大化。

第七节 企业物联网网址

企业内部经济物联网的具体结构复杂多样，因而厘清成员在企业中的位置就变得非常重要。位置对于明确自身的角色、权责具有十分重要的意义：每一种权责在企业物联网中表现为一个位置；这些位置可以成为员工开展工作的指引和参考，从而提高员工识别工作任务的准确性和时效性，提升企业管理的质量和水平，达到快速且精细控制的效果。

各个位置只有具备差异性和相对的唯一性，才能更好地组成一个有机运行的系统。反之，若多个位置的同质性过高，则这些位置可以相互替代，容易引起竞争和内耗。企业员工根据自身所在的独特位置，可以更加准确地判断自身的工作任务，减少权责不清、推卸责任、互相扯皮的现象。

其实位置即“地址”，本书则将企业物联网中的位置称为“网址”。下面将阐述网址的构成、寻找网址的方法和网址的应用。

一、企业物联网网址的构成

企业内部的经济物联网体系由行政物联网、职能物联网、授权业务物联网、关联业务物联网、自组物联网这 5 类构成，每一类物联网又均由 5

个平台组成，由于企业中的每个个体均可以处于任意一类物联网中的任意一个平台，因此企业物联网体系中总共具有 25 种（5 类物联网×5 个平台）可能性和职责，即企业物联网由 25 个网址构成。此处所述的 25 个网址并不是排列组合的结果，而是企业中每一个员工最多可具有的网址数量，也就是说，企业中的每个成员至少在企业中具有 1 个网址，其范围是 1~25 个，如前文的图 5-1 所示。

举例来说，某总经理在企业中重点分管生产经营，是这一职能的最高负责人，那么总经理在行政物联网三级网中居于用户平台，服务平台可由自己或他人担任，共占据 1~2 个网址；在生产职能物联网中居于管理平台（是生产职能人员），传感网络平台可由自己或他人担任，共占据 1~2 个网址；由于总经理不负责具体的业务，因此在重要程度不高的授权业务物联网和关联业务物联网中可以不担任任何平台，但他可以是生产经营中某项重要业务的发起者，共占据 0~2 个网址；总经理在临时需要外出办公且自身车辆无法使用时，建立自组物联网，向某个员工暂借车辆，这种情况下总经理居于自组物联网的用户平台乃至服务平台、管理平台、传感网络平台，占据 1~4 个网址。因此在这一事例中，总经理共占据 3~10 个网址。

需要特别注意的是，在行政物联网中，股东大会在行政物联网中居于用户平台，董事会在行政物联网一级网、二级网中分别居于管理平台和用户平台，基层员工在行政物联网中居于对象平台，他们要在行政物联网中担任其他平台，可以采用内闭环运行方式，由自身充当 5 个平台，进行自我决策、自我管理、自我控制。

在股东作为企业中其他职能或业务人员参与实际经营管理活动的情况下，如采用员工入股机制的企业，员工也是股东；由于董事是由股东在股东大会上选举产生的，董事也可以是股东，因此在员工入股机制下也存在一些董事参与职能物联网、业务物联网的情况。

二、寻找企业物联网网址的方法

在企业内部经济物联网中，对于那些规章制度、岗位说明书等文件暂无规定的事务，或有规定流程的事务，抑或是某项单一事务，宜采用以“事”为导向的寻址方法；对于公司规章制度、岗位说明书等文件规定的某些部门、岗位的固定职责，一提及该人员便能明晰其工作内容和职能，宜采用以“人（岗位）”为导向的寻址方法。

1. 以“事”为导向寻址

以“事”为导向的寻址方法包括4个步骤：①分析“事”的特点；②找准物联网；③确定各个平台的构成和职能；④选择信息运行方式。

员工在企业内部经济物联网中面对工作任务时，第一步是分析自己所面对的“事务”的特点——包括事务的关键点、重要性、紧急性、关联性、产生的影响等，即对事务进行定位。当员工面对的工作任务比较抽象时，比如面对“让企业文化落地”这一任务，这时员工找对事务的关键点就至关重要。只有了解实现企业文化落地需要做哪些具体事项，比如是打造文化墙、开展企业文化培训还是举办企业文化知识竞赛，才能有针对性地构思执行方案，进而开展工作，实现“让企业文化落地”的目标。

第二步是根据事务的特点来厘清该项事务的主导者（最终向谁负责）、管理（运作）者、执行者，从而确定选择使用哪种物联网。在上述企业文化落地的事例中，假设该员工是企划部门的部长，他自发地根据企业战略目标设定了该项工作任务，决定开展文化墙打造事务，这一事务需要企划部门制订打造文化墙的方案，方案由行政总监或人力资源总监审核并批准，由行政部门根据批准的方案供给物资。企划部门负责，该部门内又分为部长、专员等职级，这便是一个企划部门基于业务形成的行政物联网，同时也是授权业务物联网；企划部门负责企业文化建设事项，由行政总监或人力资源总监分管（作为职能人员），这便是一个企业文化职能物联网；

企划部门在打造文化墙的过程中，需要行政部门（担任对象平台）供给物资，这便是一个关联业务物联网。由此可见，打造文化墙这一事务涉及了企划部门行政物联网、企业文化职能物联网、文化墙打造授权业务物联网和关联业务物联网 4 个物联网。

在确定物联网的基础上，顺理成章地进入第三步，即厘清物联网中各个平台的具体权责，确定分工。在企划部门行政物联网和授权业务物联网中，企划部长负总责，担任用户平台和管理平台；企划专员的职责是策划文化墙打造方案、罗列所需资源清单、执行打造工作等，担任对象平台。在企业文化职能物联网中，打造文化墙的任务是基于企业文化战略提出的，因此企业整体（全体成员）是用户平台；分管企业文化建设事项的行政总监或人力资源总监充当职能人员，担任管理平台；企划部门人员负责企业文化建设事项，担任对象平台。在关联业务物联网中，企划部门与行政部门协调、争取行政部门的配合，因此企划部门居于管理平台、行政部门居于对象平台；如果企划部门协调成功，则自己担任用户平台，如果不能协调、需要共同的上级行政总监的指令时，则扩大了运行闭环，由行政总监担任用户平台。确定物联网中各个平台由谁担任，是为了责任到人，利于用户平台授权于管理平台，方便管理。

第四步是在得到授权的情况下选择合适的工作方式——物联网的信息运行方式，并按照该闭环方式运行，完成整项工作任务。闭环越小，运行效率越高，但信息传递的准确率却可能两极分化——信息的传递层级减少，既有可能减少传输环节的错误，也有可能因为上级平台的误判而缺少佐证信息的机会；闭环越大，行政指令越多，在一定程度上能够层层了解上一个平台的信息，但也可能增加传输环节的错误。因此选择何种信息运行方式，需要综合考量，权衡利弊，做出相对合理的决策。对于重大事务自身无法做出判断和决策时，或者是在对用户平台的需求了解不透彻的情况下，宜采用大闭环信息运行方式，各个平台应充分沟通和请示上级，尽量避免在重要事务上的决策错误。

2. 以“人”为导向寻址

在企业中，日常事务、常规性工作占绝大部分，这就要求企业人员具有较为固定的工作职责和要求，进而形成定岗定员、定岗定责的现象，为以“人”为导向的寻址方法的运作奠定基础。每一项事务是一个“点”，长期需要做某方面的事务，则形成了一条“线”，从事多个方面的事务则形成一个岗位的工作“面”。因此，事务是岗位的一部分，是对岗位职责的具体划分；岗位是整体，是对多项事务的统筹和集成。

以“人”为导向的寻址方法与以“事”为导向的寻址方法类似，包括以下 4 个步骤：①分析员工的岗位职责（分析多类事务）；②找准物联网；③确定各个平台的构成和职能；④选择信息运行方式。除第一步有一些差异外，该寻址方法的其余步骤与以“事”为导向的寻址方法相同。

员工在企业内部经济物联网中处理事务时，第一步是应该清楚地认识自身的岗位职责范围和界限、对于企业的作用以及被授权的情况等，将自身工作进行分类。比如法务专员的岗位职责是负责企业所有合同的撰写和审核、企业所有文件的法律风险控制，因此该法务专员包括 3 类事务：第一类是合同撰写，第二类是合同审核，第三类是法律风险评估。

继续分析法务专员岗位的事例，法务专员撰写合同需要获取相关业务部门（如销售部、生产部、人力资源部）的信息，才能编制销售合同、生产合作协议、劳动合同等具体内容，因此合同撰写事务又包含授权业务物联网和关联业务物联网两类物联网。合同审核既需要法务专员把关，也需要分管领导或合同最高责任人签字，这是一个行政物联网。法务专员对已存在的制度或文件等进行法律风险评估，当仅仅通过去现场观察或直接看文件就可完成时，属于授权业务物联网；如果需要他人配合，则转变成关联业务物联网；如果企业进一步将控制法律风险作为公司重要职能，则法律风险评估还属于职能物联网。

以上为第二步——找准物联网，确定平台和选择信息运行方式这两步可参照以“事”为导向的寻址方法，此处不再赘述。

三、企业物联网网址的应用

1. 以“事”为导向寻址的事例

这里以接待事务为例，详细说明如何应用企业物联网网址。接待事务相关人员在企业内部经济物联网中的网址如图 5-23 所示。

首先，尽量全面地获取接待信息，以作为第一步“分析事务特点”的基础。接待事务的需求部门或接待访客的部门根据时间、地点、来访人物、来访目的等基本信息，初步确认事件的紧急性。可以通过内部商议和外部沟通，对基本信息做出进一步扩充和分析，包括对访客类别定性（是政府、客户、合作伙伴、投资伙伴、科研伙伴、行业协会还是供应商等）、明确接待目的及拟促成的调研考察效果，做出合作项目的重要性判定（是重要、较为重要还是一般的日常接待等）；进行访客身份级别判定（是区域行政级别、公司行政级别还是人员职务级别等），从而综合判断此次接待任务的执行级别，以提出准确的接待需求，确定参与接待的人员和支持部门。

第二步，根据以上分析提出需求，确认此次接待任务的负责部门/人员、管理部门/人员、执行部门/人员，从而选择使用哪种物联网。例如，凡属于重要接待，总经理需要出席的接待事项，皆属于公司层面事项，由总经理办公室负责策划接待方案、组织接待工作，在拟订方案的过程中要充分沟通并领会领导的要求，在此环节中总经理属于用户平台，总经理办公室主任为管理平台，办公室内部负责编制方案的员工属于对象平台，形成一个上传下达的行政物联网；在确定住宿、餐饮标准的环节中，行政部门负责呈报方案，在分管接待工作的行政总监（作为接待职能人员）审核签字后，行政部门再按标准实施，形成一个接待职能物联网；在客户接待

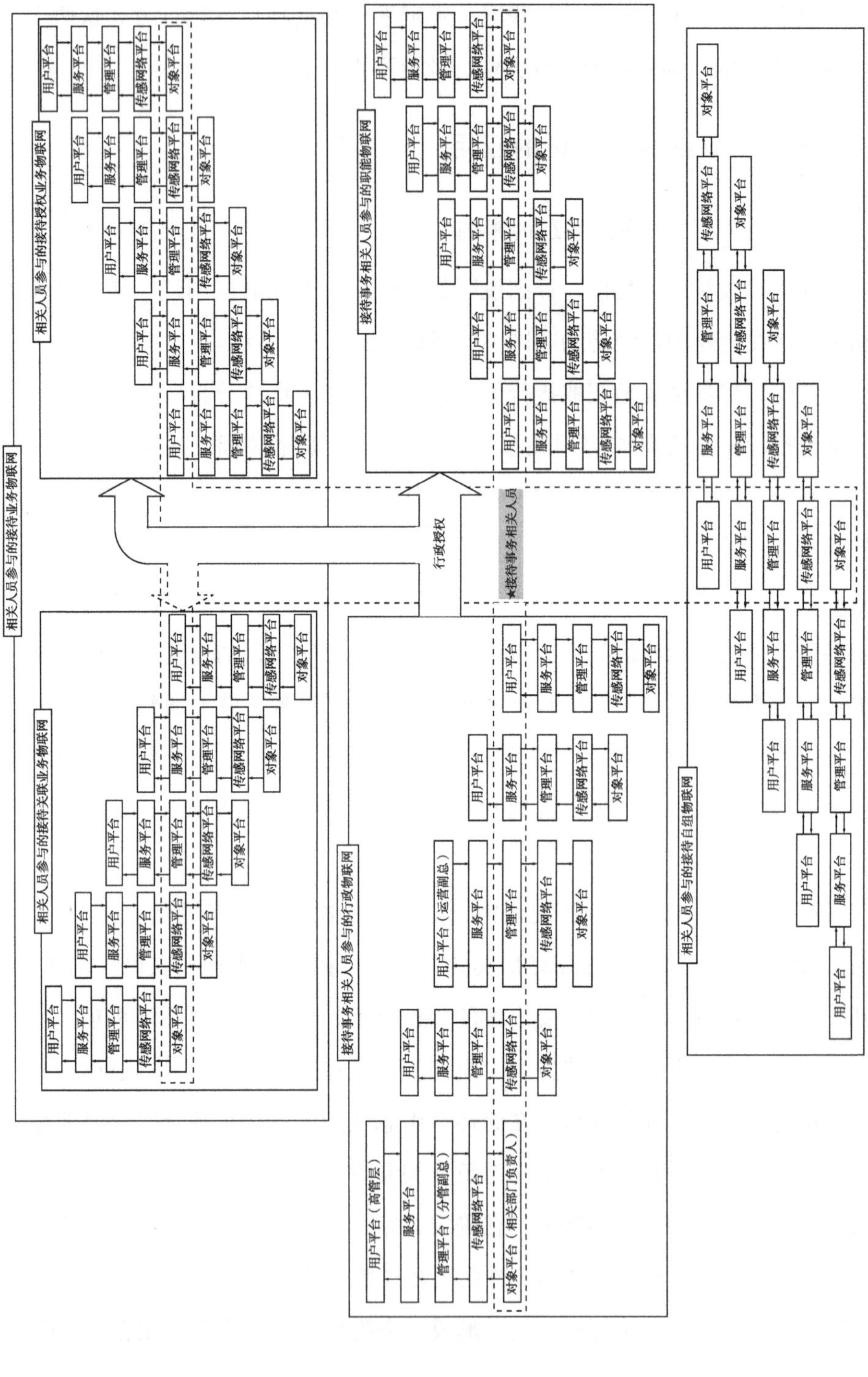

图5-23 接待事务相关人员在企业内部经济物联网中的网址

中涉及市场营销部门，在政府接待中涉及项目申报部门，在投资接待中涉及投资拓展部门，在参观流程中涉及现场讲解的生产运营部、质量管理部、技术部门等，在展示流程中涉及品牌企划部门，以上部门均属于本次接待的需求者或重要参与者，形成接待授权业务物联网；在准备接待材料如主营业务收入、利润、人才梯队分布等数据的环节中，涉及的财务、人力资源等部门形成接待关联业务物联网。

较为重要的接待，可由总经理授权给中高层管理人员主导；日常接待，可由对应的授权业务部门主导。在接待制度的规定下，职能物联网中各平台主体保持不变，上述行政物联网、授权业务物联网、关联业务物联网中各平台的主体则根据主要负责人和所涉及业务的具体情况发生相应的变化。

综上所述，经过对基本信息的收集、分析、判定后，接待工作可能涉及行政物联网、职能物联网、授权业务物联网和关联业务物联网 4 个物联网。

在此，特别对自组物联网进行举例，如来宾参观生产现场的途中，有大型货运车辆进入参观区域，噪声、扬尘都会给来宾造成不好的感官感受，现场参与接待的人员，不必请示自己的领导，也不必去寻找驾驶员的领导，可以直接与驾驶员沟通暂停行驶，稍作等待。在客人行程推迟的情况下，原定在客人离开后开始修复车间路面的工人已到场准备开工，所有知情人员可以直接与工人沟通，说明情况，请工人待参观结束后再开始工作。

第三步，进入对应的物联网，厘清各个平台的具体职责，确认分工，即让每个部门/人员找到属于自己的平台，更要在不同物联网里明确个人在不同平台的交叉、重叠部分。以重要接待为例，在沟通和编制接待方案的过程中，总经理办公室主任为行政物联网中的管理平台；方案定稿后，在执行方案、验收结果、协调和组织全公司资源的过程中，总经理办公室主任作为牵头人是授权业务物联网中的用户平台，涉及的部门负责人或单项项目负责人为管理平台，具体执行和提交成果的团队或人员为对象平台。这里，总经理办公室主任就存在两个网址，在两个平台上发挥着不同作用。

以重要客户来访为例，在总经理办公室编制策划方案的过程中，办公室起草方案的员工为对象平台，但与客户关系密切、更了解前情的是市场营销部门，因为此次接待是以公司利益为总原则但直接作用于市场营销部门的业务，故为了整理出更加完整、准确、细致的客户信息以及更加明确的接待目标，市场营销部门的员工会加入方案起草工作，共同担任对象平台。这里，两个部门/人员就处在同一个平台，产生工作交集。

在重要接待授权业务物联网和关联业务物联网中，总经理办公室主任作为此次接待的负责人代表总经理的意志，协调和平衡各部门人力、物力，统一工作目标；行政总监代表公司制度，控制接待费用，监督和评估接待服务的效果，不断优化接待标准。由此可见，确定工作任务所属的物联网类型，并让相关部门/人员准确进入对应的平台，既有利于层层授权、明晰责任，更有利于打破部门界限，以大局观判断轻重缓急，实现信息的集中、资源的整合，以达到管理有效、执行高效。

第四步，理论模型转化为实践，进入“具体问题具体实施”环节，选择最优的物联网信息运行方式。大闭环有利于最大限度地保证正确，小闭环有利于在较短时间内完成任务。在接待过程中，突发状况是难以避免的，也是最考量应变能力、判断能力、决策能力的难点。以来访客人行程突然改变为例，如果归因为政策变化的制约、合作意向的削弱、竞争对手的突袭等源头性变化，则启动完整的行政物联网（大闭环），让总经理知情，并在各相关部门充分研究后，做出公司层面的重要决策；如果仅仅为时间、人员的单纯变动，则启动授权业务物联网和关联业务物联网，包括授权业务物联网中的交通、食宿的更改，参观、座谈的时间和顺序变更等，以及关联业务网中因时间推迟而产生的汇报材料中数据的变化等，这时信息运行闭环的选择取决于能够做出决策的平台。

综上所述，在源头型的、决策型的、综合型的事务中，信息的大闭环运行方式可减少武断、片面等误判的可能性；在流程型的、单一型的、紧急型的事务中，信息的小闭环运行方式可减少信息传递和审批的层级，从而快速、有效地解决问题。

2. 以“人”为导向寻址的事例

这里以总经理办公室主任为例，详细说明其各方面职责及其所在的物联网如何运作，展现以“人”为导向的寻址方法。总经理办公室主任在企业内部经济物联网中的网址如图 5-24 所示。

第一步，以“点—线—面”的角度来分析总经理办公室主任的岗位职责。该岗位可能包括的职责有：①计划监督、新媒体运营、网站运营、活动策划、公司年度计划和总结、企业专著的编写、安排总经理会务和日程等，此为“点”；②经营管理体系、品牌企划体系、战略规划体系、理论研究体系、总经理服务规范等，此为“线”；③为公司利益服务，为总经理服务，协助总经理为公司服务，此为“面”。认清“人”的角色，才能进入正确的物联网，站在合适的平台，履行对应的职责，取得该职责所赋予岗位的成果。这也是企业进行人力资源规划和岗位设置的初衷。

第二步，在不同的事务中，根据判断结果进入不同的物联网。通过第一步的岗位剖析，总经理办公室实质上是一个企业的输入型部门，而非输出型执行部门，总经理办公室主任负责的是总经理的“秘书团”（或者称为“智囊团”）。由于这种辅助性和关联性密切的特点，总经理办公室主任在公司各个业务流线中出现的频率较高，但参与的程度不深，属于信息的集中口径和思想的传播途径，即起到上传下达、桥梁和纽带的作用。以工作“点”来分析：①其原则性工作如法人章、总经理个人信息保管等具备行政物联网和职能物联网的复合属性，既要知会和征求总经理的许可，也要严格遵守公司的规章制度；②新媒体运营、活动策划、专著编写等，属

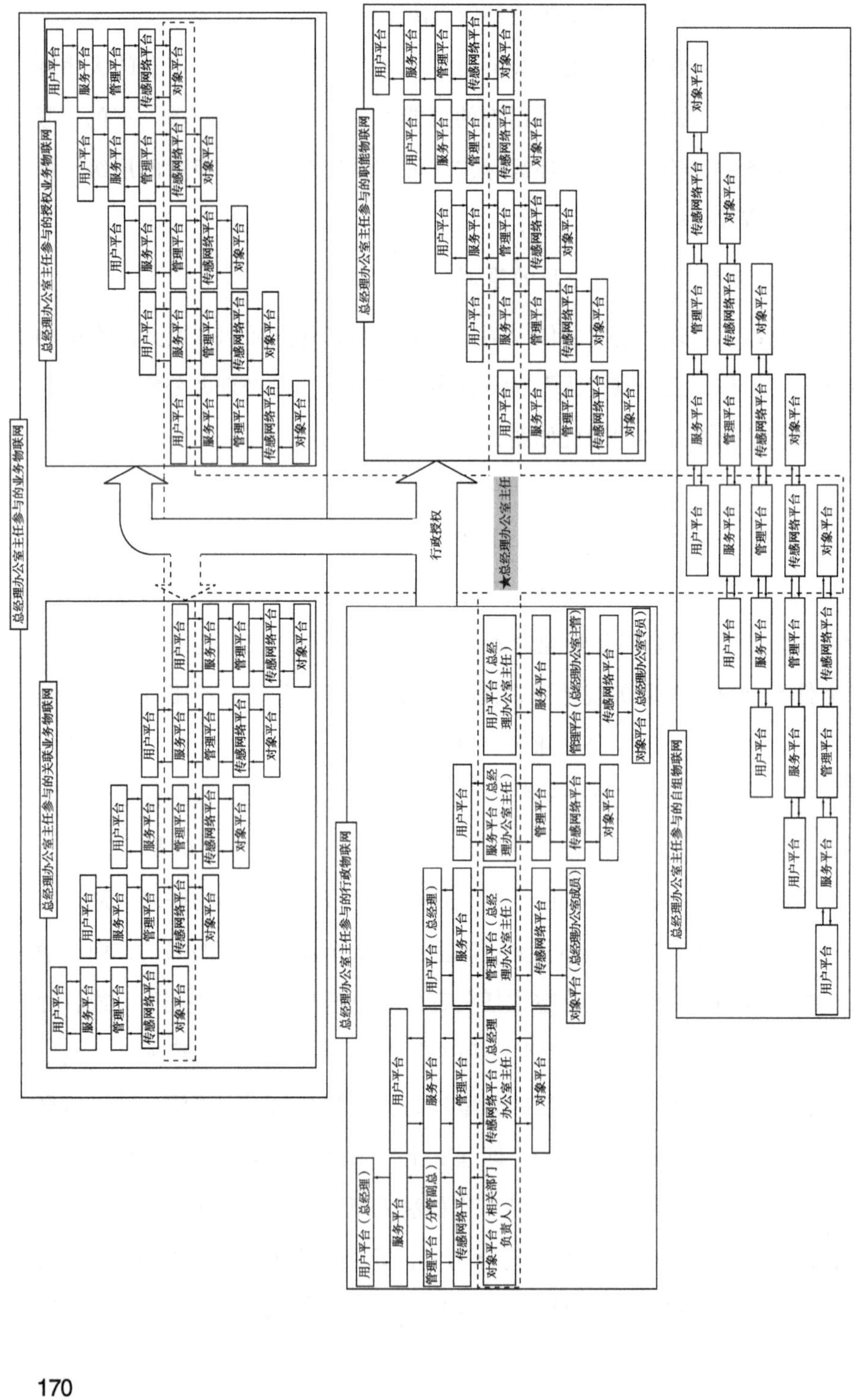

图5-24 总经理办公室主任在企业内部经济物联网中的网址

于授权业务物联网，以部门为主体完成立项—策划—实施—验收全过程；③公司年度工作计划要尊重经营实际，必须是基于汇总和提炼各部门、各业务的内容而形成的，所以总经理办公室作为牵头部门与公司每个部门形成了关联业务物联网；④在公司确定创新发展方向、编制战略规划时，既要维护公司利益，又要呈报董事会、总经理、高管审批，具备行政物联网和职能物联网的复合属性。

第三步，以“人”为导向，确认所在的平台，承担相应的职责。以工作“线”来分析：①在经营管理体系中，总经理办公室主任通常担任服务平台和传感网络平台（高管为管理平台），收集自下而上的信息，传达自上而下的信息；②在品牌企划体系中，总经理办公室主任通常担任管理平台（公司为用户平台），以公司近期重大计划或企业文化宣传为目标，组织开展工作并形成成果；③在战略规划体系中，总经理办公室主任通常担任对象平台（公司为用户平台，总经理为管理平台），围绕环境背景、行业趋势、公司愿景、市场现状等，充分领会总经理的发展管理理念，形成指导性、纲领性输出成果；④在理论研究体系中，总经理办公室主任通常担任管理平台（总经理为用户平台，理论研究员或编辑为对象平台），根据用户平台的需求，建立对象团队，制订工作计划，监督工作进度和关注工作成果；⑤在总经理服务体系中，经常出现不以工作职责限定的临时事项，如媒体采访、社会团体活动等，总经理办公室主任可能会出现在5个平台中的1个或多个，也可能一个人贯穿5个平台，以妥善处理事件为最终目的进行灵活处理。

第四步，以“人”为导向，选择信息运行的方式。作为总经理办公室主任，既要保证总经理得到真实、准确、全面的信息，又要避免过多繁杂、不加整理和筛选的信息困扰总经理。无论以“事”为导向还是以“人”为导向均可统一遵循以下判断原则：源头型的、决策型的、综合型的事务选择大闭环运行方式；流程型的、单一型的、紧急型的事务选择小闭环运行方式。

第六章

运用企业物联网解决管理中的实际问题

企业管理中存在的现象多如牛毛，每个企业也都有自身的特点、优势或特有的问题，本章仅以企业物联网理论分析以下 10 种现象，抛砖引玉，从而引导更多企业思考和分析自身的管理。本章分别阐释官僚主义、事务主义、教条主义、形式主义、经验主义、“狼性文化”、好人主义、技术治理主义、冒进主义以及自由主义现象的表现，论述如何用企业物联网理论解读这些现象以及如何解决这些现象中所存在的问题。

第一节 官僚主义

官僚主义在企业管理中十分常见，其弊端也显而易见，但是却难以做到彻底清除。官僚主义既是漫长历史遗留下来的沉疴痼疾，也是现代企业管理中的一大弊病。

一、官僚主义的表现

官僚主义最常出现在已经具有一定规模的企业中，或存在于企业发展阶段的中后期。小型企业和初创企业常因组织结构简单、人员较少而具有较强的员工活力和制度活力，在这些企业中比较少见官僚主义现象。

官僚主义的主要特征表现在以下 3 个方面：

（1）上级滥用权力、独断专行、传统“老爷”思想复活，并按照烦琐的流程、死板而老旧的规定运作；

（2）下级终日饱食，无所作为，凡事层层上报走流程，遇事推诿不决，办事拖拉，只听从领导的指令行事；

（3）员工的“官僚”思维日益严重，企业组织架构臃肿且没有活力，运作效率低。

严重的官僚主义将导致企业竞争力较差，难以创新，缺乏持续发展的动力，最终严重威胁企业的生存。因此，企业管理者应该重视官僚主义现象，积极寻求解决方法。

二、用企业物联网理论解读官僚主义

官僚主义体现的是物联网中的大闭环运行思维，这种大闭环运行思维的存在使整个物联网的运行出现了障碍，导致其无法根据实际情况适当采用小闭环运行方式，各平台的内闭环运行或被重度干预，或是缓慢乃至无法自主运行。

总的来说，官僚主义可以分成以下两种类型。

第一种类型是由上级造成的官僚主义，即从上到下的官僚主义，主要体现在上级领导的“不放权”，要求下级若干平台事事都要汇报，忽视每个平台自身所具有的职能，不尊重五平台十闭环的运行规律，而只是为了满足自己的权力和欲望，将本应属于十闭环中的其他情况，全部“一刀切”为一种闭环，即大闭环的形式。

第二种类型是由下级造成的官僚主义，凡事都要向上级汇报和请示，对上级形成依赖，不能承担自身平台应该承担的职能，推脱责任。下级平台按照自身的职能或者已经明确的规章制度等，本不用再对上级请示，但有官僚主义思想的下级却不分情况，全部向上级请示，造成工作效率低下，自身工作能力也不断退化。

具体而言，企业物联网中所涉及的5个平台都有可能存在官僚主义的情况，而且每个平台分别对应9种官僚主义的情况。下面对每个平台涉及的各种官僚主义情况进行简单说明。

1. 用户平台的官僚主义

用户平台的职能包括：明确和提出需求，该需求就是此物联网的主导性需求，整个物联网的建立和运行就是为了满足用户平台的需求；为了实现需求，需要组建物联网，组网过程中包括确定管理平台、授权管理平台、由管理平台寻找对象平台等环节；用户平台是物联网的主导者和掌控者，拥有制定物联网运行规则的权力，主导着物联网的有序运行；用户平台还为其他参与物联网的平台提供资源。

从用户平台的职能可以看出，在物联网建立之初，需要用户平台负责的事情较多，然而当物联网建立起来并开始正常运转后，并不是每件事都需要用户平台参与。从十闭环运行的规律来看：只有信息经过完整的五平台来运行即大闭环时，用户平台才需要参与，这表明只有关系到企业发展的重大事项或在企业制度尚未健全时期，信息才需运行到用户平台。

用户平台的官僚主义主要指以用户平台作为起源，向下延伸开来的官僚主义，并且方向均为向下，一共包括9种情况：当用户平台分别参与由服务平台、管理平台、传感网络平台、对象平台控制的信息运行小闭环甚至直接干预信息源时，会出现用户平台的官僚主义，这类情况共计5种；此外，用户平台有时还会干涉服务平台、管理平台、传感网络平台、对象平台所对应的信息运行内闭环，这类情况共有4种。

用户平台的官僚主义的信息运行如图6-1所示。

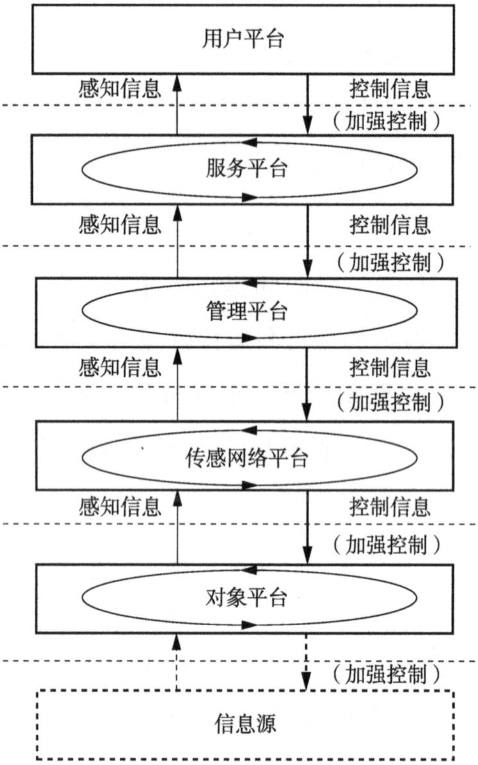

图 6-1　用户平台的官僚主义的信息运行（用户平台过度控制的信息运行闭环）

注：图中箭头越粗，代表信息的运行越强，相反则越弱（正常情况下则为中等粗细）；虚线表示平台的信息不互通，或处于物联网五平台外（如信息源），该注适用于本章所有图。

当其他本不需要用户平台参与的信息运行闭环，比如本该是从对象平台到服务平台的信息运行，感知信息从对象域经过传感域到管理域，最后到服务域就可以结束，然后由服务域发出控制信息，再依次经管理域、传感域，回到对象域，或者本可以组建一个更简单的物联网，更高效地完成工作时，用户平台却组建了一个甚至多个复杂的物联网，将更多人员牵扯进一个简单的工作事项中，增加工作流程，降低工作效率，进而影响企业活力，这些都是用户平台的官僚主义的表现。

举例来说，某生产制造企业中，有一台叉车属于 A 车间，公司已经制定了《关于叉车使用和管理的规定》，根据规定，若当B车间因搬运材料等缘由需要借用A车间叉车时，可以直接由B车间使用者向A车间叉车管理员提出借用需求，在不影响A车间正常生产运作的情况下，可直接批准此借用需求。可以看出，叉车管理员有此项权力，可以自行判断此借用行为是否会影响正常的生产运作，并决定是否借用。

如果按照规定，借用叉车行为就是一个简单的关联业务物联网，其中B车间需求者为用户平台和服务平台，A车间叉车管理员为管理平台和传感网络平台，叉车操作员为对象平台。自行分析和判断是否能借的过程，即为管理平台内部的闭环运行。

但是生产运营部部长认为，叉车借用有可能会影响整体生产，且已经属于跨车间之间的行为，需要由B车间的使用者提出申请，交由车间主任签字批准，再由车间主任汇报到生产运营部部长处，生产运营部部长批准后，A车间才可以调用自己的叉车给B车间使用。

此时组建了两个比较复杂的、均以维护正常生产运作为用户需求的物联网，一个是由生产运营部部长、部长助理、B车间主任分别担任用户平台、服务平台、管理平台，B车间叉车需求者担任传感网络平台和对象平台的叉车需求申请网（具有行政物联网属性）；另一个是由生产运营部部长、部长助理、A车间主任、A车间叉车管理员、A车间叉车操作员分别作为用户平台、服务平台、管理平台、传感网络平台和对象平台的叉车使用网（具有行政物联网属性）。

在这个例子里，用户平台插手了管理平台、传感网络平台甚至是对象平台的内闭环运行，不相信作为叉车管理员有分析和处理信息的能力，长此以往，将弱化整个团队的工作能力，增长官僚主义作风。

综上所述，用户平台的官僚主义容易将简单问题复杂化，增加工作流程，没有从实际出发，虽以保证正常生产运作为名，但实际上却严重影响生产效率。

2. 管理平台的官僚主义

管理平台是物联网中的重要参与者，是管理物联网内各平台、统筹物联网内信息运行、实现用户平台需求的必备平台。管理平台的主要职能包括参与物联网、统一管理等。管理平台在物联网运行中起着重要作用，所以管理平台的官僚主义对物联网运作的危害也很大。

管理平台和其他平台一样，有 9 种官僚主义，其官僚主义信息的运行分为两个方向。管理平台的官僚主义的信息运行如图 6-2 所示。

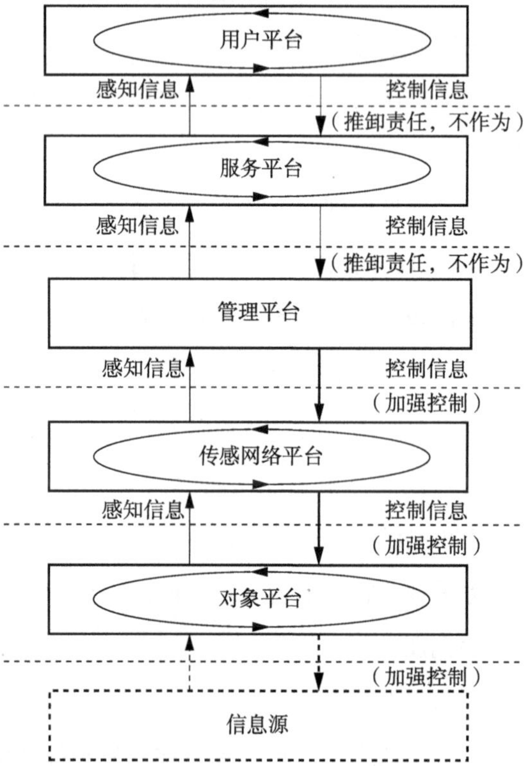

图 6-2 管理平台的官僚主义信息运行

管理平台的官僚主义其中一种是向上的官僚主义，这一类型的官僚主义有 4 种，包括管理平台影响由用户平台、服务平台控制的信息运行小闭环，还包括影响用户平台、服务平台的内闭环运行。简单来说就是自己该管的事推给上级处理，即感知信息本应该在管理平台所对应的管理域就完成最终运行，管理平台应该自行分析、处理信息，然后得出结论或做出决策，将其转化为控制信息输出，依次传递给传感网络平台和对象平台，完成该网的运作。但是管理平台由于某种原因，可能是出于环境或企业整体风气的压力，或者是自身能力不足、工作态度不端正等，不承担自身的职责，不进行统筹、组织、安排等相关工作，而直接将接收到的信息往上传递到服务域，甚至是用户域，让上面的两个平台做决策，完成本该由管理平台完成的工作。

这样的后果是，管理平台形同虚设，沦为形式上的、单纯的传感网络平台或者是服务平台，没有发挥管理平台应发挥的作用，而是将责任推给了其他平台，增加了其他平台的负担，也增加了时间成本，造成整个物联网的运行混乱。

另一种是管理平台向下的官僚主义，这一类型的官僚主义有 5 种，包括参与传感网络平台、对象平台控制的信息运行小闭环，也包括影响传感网络平台、对象平台的内闭环，或直接影响信息源的运行，简单概括就是插手本该下级负责的事情。用物联网信息运行的规律来解释，就是按照规定或实际情况，一些事情的信息不用运行到管理平台所对应的管理域就可以处理完成，管理平台却要求信息必须运行到管理域。这样就干扰了传感网络平台、对象平台的本职工作。

这样的后果是，管理平台形成了一种高高在上、打官腔的作风；另外，因为这不是管理平台的职能，管理平台没有传感网络平台和对象平台更加了解感知信息的细节，容易出现瞎指挥、乱指挥的情况，进而出现工作失误，甚至发生工作事故。

3. 对象平台的官僚主义

对象平台的主要职能是在管理平台的统一管理下，按照物联网的运行规则开展工作，接收并执行管理平台下发的指令，是实现用户平台需求的终端，是用户平台需求信息最终被执行的一环。

对象平台也有9种官僚主义，其中有8种向上的官僚主义——将本应由自己平台解决的事情推给用户平台、服务平台、管理平台、传感网络平台4个平台所控制的大闭环或小闭环完成，共有4种情况；还有因不作为而影响用户平台、服务平台、管理平台或传感网络平台内闭环运行的情况，也是有4种情况；另外，还有1种向下（干涉信息源内部运行）的官僚主义。对象平台的官僚主义信息运行如图6-3所示。

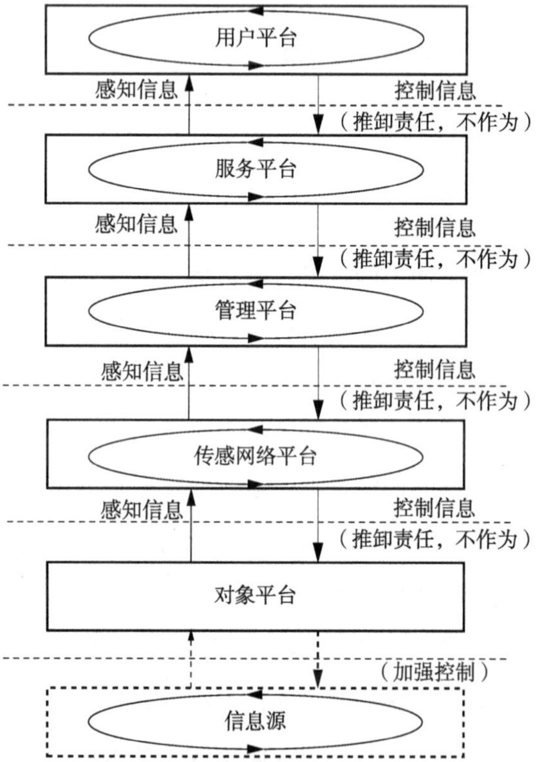

图6-3 对象平台的官僚主义信息运行

对象平台向上的官僚主义，出现频率最高的可能是以下这种情况：本来是对象平台内闭环运行的执行层面的事情，即对象平台根据授权可以自行判断、决策和完成的事项，对象平台却通过传感网络平台汇报给管理平台，由管理平台来行使对象平台的职能，造成了资源的浪费，而对象平台也无所作为，容易使公司内部形成遇事推诿、办事拖拉的不良风气。其他情形与管理平台向上的官僚主义类似，此处不再赘述。

对象平台向下的官僚主义则是指对象平台在获取信息源所发出的信息时呈现出的官僚主义。举例来说，当对象平台获取有合作意向的公司、其他部门的信息时，在自己的职权范围外，胡乱给意见、瞎指挥。这样会导致对象平台在获取信息时，按照自己的意愿随意整理、错误分析信息，而不是按信息本来的样子如实获取。对象平台对信息源施加的官僚主义，容易导致物联网的运转从生成对象感知信息时就出现错误，最后那些错误、不真实的信息经过各种闭环运行后，影响物联网整体运行，便可能得出不利于公司发展的结论，做出不利于公司发展的行为，最终造成降低公司的社会形象、降低公司的收益等后果。

4. 其他平台的官僚主义

和上述平台的官僚主义一样，服务平台和传感网络平台的官僚主义也分为向上和向下作用两种类型共 9 种情况。

其中，服务平台的官僚主义包含向下的 7 种官僚主义（参与原本是管理平台、传感网络平台、对象平台控制的信息运行闭环，高度控制管理平台、传感网络平台、对象平台的内闭环，以及直接影响信息源）和两种向上的官僚主义（将服务平台控制的小闭环运行扩大到用户平台控制的大闭环运行，以及影响用户平台的内闭环）。服务平台的官僚主义信息运行如图 6-4 所示。

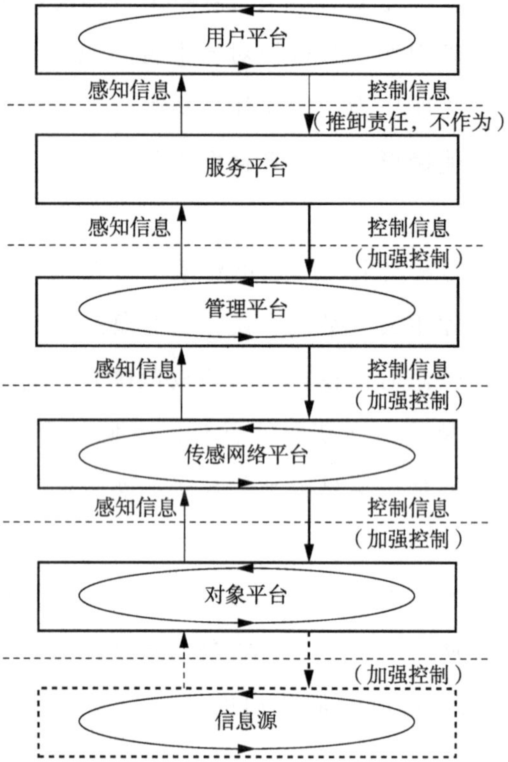

图 6-4　服务平台的官僚主义信息运行

传感网络平台则包含向下的 3 种官僚主义（参与原本是对象平台控制的小闭环，影响对象平台的内闭环，以及直接影响信息源）和 6 种向上的官僚主义（将原本是传感网络平台控制的小闭环运行扩大到由管理平台、服务平台、用户平台控制的闭环以及影响管理平台、服务平台、用户平台的内闭环运行）。传感网络平台的官僚主义信息运行如图 6-5 所示。

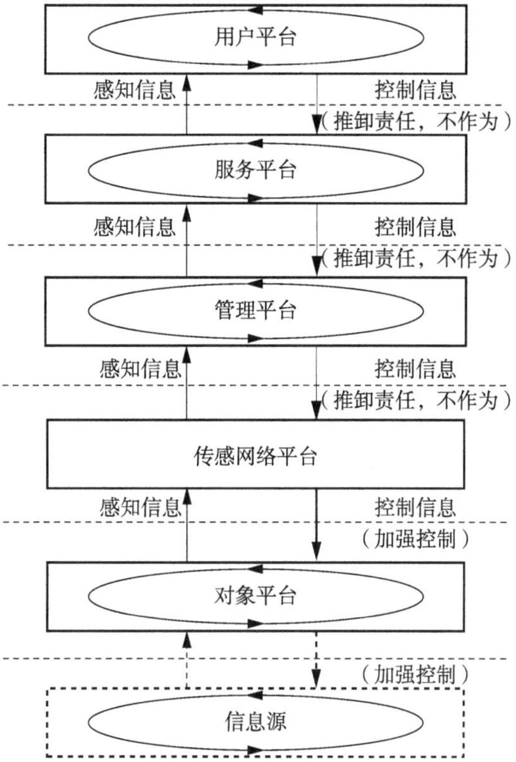

图 6-5　传感网络平台的官僚主义信息运行

三、官僚主义问题的解决方式

官僚主义分为自上而下的官僚主义和自下而上的官僚主义两种类型，自上而下（上级对下级）的官僚主义作风是更为常见和典型的官僚主义的表现形式，而自下而上的官僚主义（下级对上级）则可能是受前者的影响而逐步加深的，逐渐在企业中默认这一规则并执行。面对官僚主义所带来的一系列问题，企业应该灵活机动地使用小闭环运行方式来解决。

具体解决措施为：一是在物联网组建完成后，用户平台应该制定明确的物联网运行规则，明确各个平台的职能，使权责分明；二是在物联网的运行中，应当以完成用户平台的需求为导向，始终追求快速达成目标的高效率，保证物联网的良性运作，若出现因官僚主义作风而影响工作效率的情况，应及时制止和纠正，而不是无视且助长这种风气；三是要充分发挥每个平台的潜在能力，尊重其分析和决策等各种能力，并且在每个平台的能力提升后，也需要不断优化物联网运行的规则，给予其充分授权，发挥平台的最大作用，努力建立一个运行更高效、更稳健的物联网。

第二节 事务主义

事务主义是官僚主义的一种表现形式，因其在企业的日常运作中也相当常见，因此本节将详细解读这一作风。

一、事务主义的表现

事务主义是指在处理事务上，忽视主体主观能动性，仅以眼前、手头日常琐碎的事务为主，没有计划，不分轻重、主次，不注意方针、政策和思想政治教育的引导，而只埋头于日常琐碎事务的工作作风。

最常见的个体体验是："忙忙碌碌，却又碌碌无为""疲惫不堪，却又成绩寥寥""不知道在忙些什么"。究其原因，在于这些人把精力和时间都投入到了无谓的事务上，机械执行，千篇一律，不出头、不冒尖，埋头做事却缺少筹划和思考。执行者会感受到缺乏成就感、获得感，个人成长停滞，长期持续这种状态就会丧失工作的乐趣和动力；领导者会感受到团队执行力足够，但工作效率难以提升，创新后劲不足，面对工作任务缺乏策划和统筹，工作质量低，只能按部就班、机械教条地处理日常琐碎事务。要么"东一榔头，西一棒子"，没有系统谋划；要么信奉"兵来将挡，水来土掩"，被动应付；要么"只顾埋头做事，不会抬头看路”，缺乏创造创新。总而言之，疲于敷衍、忙而无功、简单重复是其典型形态。

这些事务主义的表现，不仅会在恶性循环中导致工作效率低下，工作目标难以达成，影响事业的发展，还会造成思想的僵化和庸俗，成为滋生官僚主义、形式主义的温床。人云亦云，不愿探求真理，便会犯经验主义错误；做事情“眉毛胡子一把抓”，重“痕”不重绩、留“迹”不留心，工作就只能低水平重复，难以突破创新。

二、用企业物联网理论解读事务主义

从物联网理论来看，事务主义主要是指两种情况。一是指事务物联网主网做了次要事务物联网的工作，主网的运行规则被打破，将处理主要事务的单体物联网杂糅成了混合物联网，多项事务混杂不清，不分主次，甚至被事务物联网主网外的工作所影响，耽误了主网的运行。二是指事物物联网中一个平台做了其他平台该做的事情，遇事就做却不懂判断是否为自己的职责，让自己和其他平台的做事权责变得模糊，经常表现为上级平台做了下级平台分内的工作。简而言之，事务主义即“次事主做”“小事大做”的物联网。事务主义的信息运行如图 6-6 所示。

下文将从“自上而下”和“自下而上”两个方向，以及物联网 5 个平台的运行现象分别解读事务主义的成因。

事务主义一旦形成，物联网即陷入“疲软”状态，虽然工作还在执行，信息还在传递，但是“自上而下”的信息只是简单地照搬安排，提出的工作目标只是“及格线”标准。原因是一些领导干部抓工作的计划能力、带团队的管理能力有短板，不能通观客观过程的全体，缺乏大局观、明确的方针和长远的规划，沾沾自喜于一得之功和一孔之见。这一流线信息的传递是没有内涵、没有质量的，各平台也没有对自己的下一个平台真正做到履职尽责。

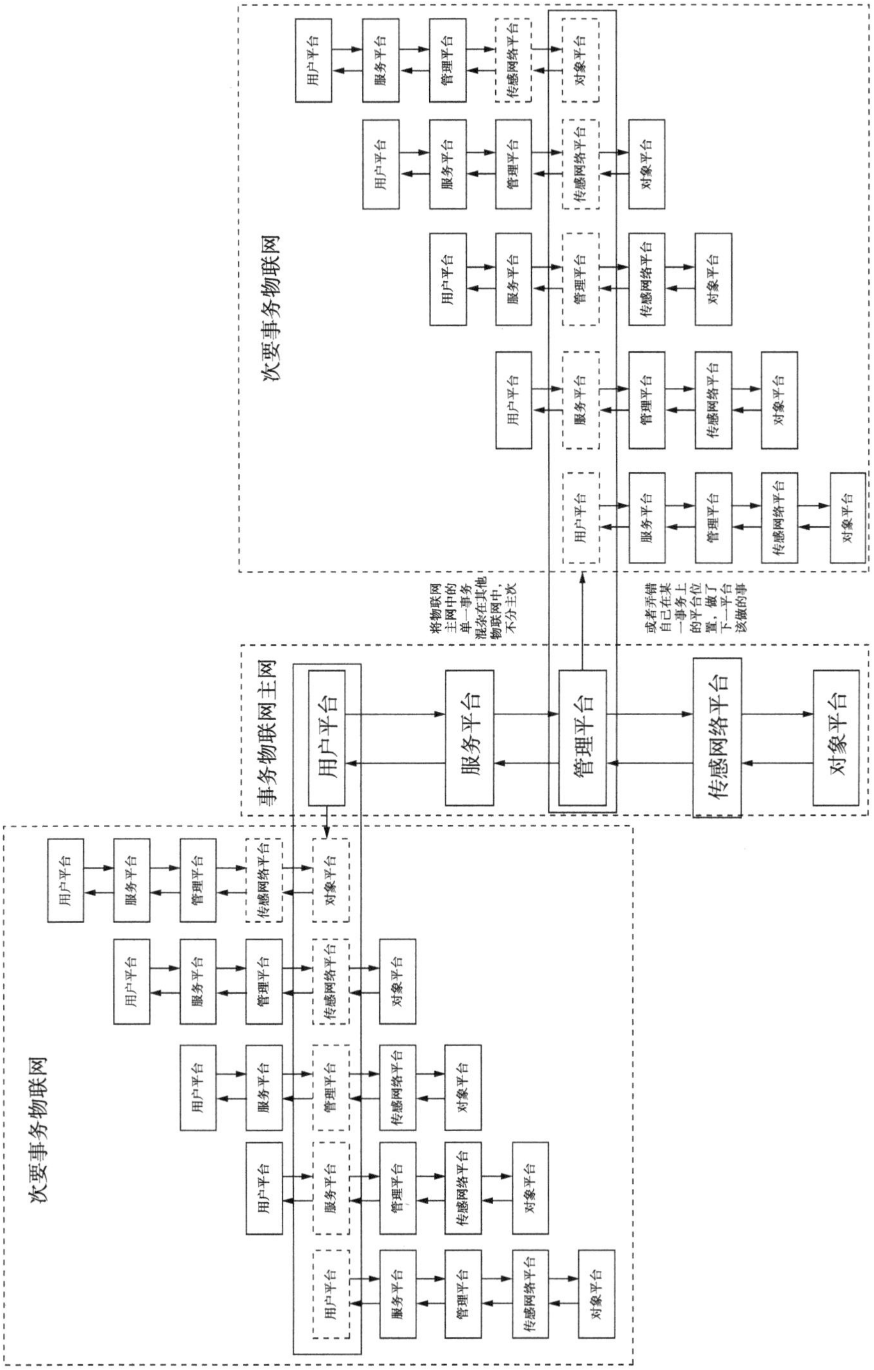

图6-6　事务主义的信息运行（物联网/平台定位有误的信息运行闭环）

在事务主义作风之下，“自下而上”的信息传递大失水准，原因有两方面。一是因为执行者本身对接收到的信息不筛选、不分析、不判断、不能正确使用其他平台对信息分析的结果，这其中有个人能力的问题，也有工作态度、工作习惯的问题，对自己要求不高，成长动力不足，疲于应付、忙而无功，或满足于重复单一的工作，不敢面对新的挑战，荒于学习、懒于思考，最终沦为缺乏创造性的执行工具。二是因为上一级平台的领导者安排工作简单粗暴，只在乎结果、不教授方法。从这个意义上讲，执行层陷入事务主义的泥沼，不能完全归结于其自身，也需要同时看到其所处的环境，特别是形式主义、官僚主义顽疾对其产生的不可忽视的影响。

从信息运行的角度来看，事务主义产生的根源在于信息传递者的思想懒惰，安于做思想懒汉。

服务平台和传感网络平台的问题可归因于以上信息传递的“衰减”。

用户平台在事务主义混沌中，没能调动起整个团队的工作积极性，包括能力素质的提升、考核的量化、中高管的合理配置等；同时很可能存在或潜在自上而下的官僚主义、形式主义。

管理平台和对象平台分别作为工作目标实现的计划监督者和执行者，在面对工作任务时，没有以物联网的思维进行整体思考，而是碰到什么事就做什么事，接到任务就动手，不了解自身在平台、物联网中的作用，也不能根据具体的工作任务选择和组建正确的物联网（行政物联网、职能物联网、授权业务物联网、关联业务物联网、自组物联网）；进入物联网后，找不到自己正确的平台，无法在准确的位置上思考问题、开展工作；在工作过程中，一味应付求结果，不分事情的轻重缓急、主次优劣，只管埋头做事，以“完成任务”这个最低标准来要求自己；只顾自己平台的工作结果，不顾对其他平台的影响；对自己的精力和团队的能力没有预估、没有筹划，工作时间长、效率低、业绩差，工作成绩平淡无亮点，这些做法都是对人、财、物的浪费，也是对团队积极性的消磨。

综上所述，在企业物联网体系结构中发生事务主义，原因主要有三个：一是选不对物联网，对事务整体没有规划、统筹；二是选不对平台，对自身所处的位置和所承担的职责不明确、不正视；三是分不清事务在物联网运行中的轻重缓急，对事务的条理性、计划性缺乏大局观。

三、事务主义问题的解决方式

钱钟书说："心心在一艺，其艺必工；心心在一职，其职必举。"人的精力和时间是有限的，无谓的事务多了，"仰而思、躬而行"的空间就会被挤占，"一心一意抓落实、见成效"就成了空言。

建立企业物联网体系，用物联网的思维模式去思考，用物联网的管理模式去管理，用物联网的信息运行方式去执行，是革除"事务主义"的有效途径。

第一，判断物联网的类型。对接收到的信息进行分析，判断事务应该属于哪一种网，或需要哪几种网复合运行。这需要实践者具备企业物联网管理知识，能分辨行政物联网、职能物联网、授权业务物联网、关联业务物联网和自组物联网，详见第五章。

以新媒体运营范畴中发布一篇微信公众号推文为例，品牌主管洞悉公司有宣传亮点的事件后，对素材进行加工形成初稿，部门内部的立项、讨论、编辑、审核过程属于授权业务物联网（也是该层级的行政物联网）；需其他部门提供的业务素材为该部门的关联业务物联网；根据公司信息披露审批制度和本篇推文涉及的内容，需知识产权办公室、证券部、行政总监等相关职能人员签批，属于职能物联网；信息发布后反响良好，对近期项目申报有助益，公司总经理在总经理办公会上定性本次宣传为有效宣传，并指示了下一步跟进和挖掘计划，属于行政物联网。

第二，判断自己所属的平台。仍然以新媒体运营之发布一篇微信公众号推文为例，品牌主管拟定推文初稿的过程，以部门为单位运行授权业务物联网，部门负责人为用户平台同时担任服务平台，要对推文的选题、立意、行文提出实质性的意见，监督、指导、审核初稿的完成；品牌主管担任管理平台，负责全篇推文的策划、构思，并需要熟悉签批流程。如主管下设专员，则品牌主管担任传感网络平台，由专员担任对象平台；如主管为实际执行人，则主管同时担任管理平台、传感网络平台、对象平台，贯穿工作任务完成的全过程。在为推文提供业务素材的其他部门所处的关联业务物联网中，品牌部门为用户平台和服务平台，传递推文的宣传目的及所需素材的要求；品牌主管作为直接沟通者和素材收集者担任管理平台和传感网络平台；提供业务素材的同事为对象平台，提供的素材既要符合本次宣传主旨，又要达到本文策划的要求。职能物联网、授权业务物联网和行政物联网一般有对应的明确制度或流程，平台比较容易明确。

综上所述，不管是找到正确的物联网，还是找到正确的平台，都要灵活运用企业物联网体系的理论。一是冷静思考，面对错综复杂的矛盾和千头万绪的工作，要冷静下来慢慢理清头绪，抽丝剥茧、有条不紊地剖析问题，对所要处理的工作定性、定位后再着手实施；二是理性思考，事务主义的症结之一就是只看事物的表面，而不去深入研究事物的本质规律。事实上，唯有找出各种事物之间的内在关联，才能真正做到触类旁通、举一反三、事半功倍。

第三，判断事务的轻重缓急。“工欲善其事，必先利其器。”只有掌握和有效运用科学方法，才能如顺水之舟轻松前进，否则就会事倍功半，甚至不进则退，深陷事务主义窠臼。这就需要实践者善于抓重点，在错综复杂的事物中抓住能影响一个时间阶段的主要矛盾，进而做到分清轻重缓急、主次分明，才能不为烦琐事务所累。企业物联网体系能够让运用者跳出具体事务，从更高层次谋划和思考，总结经验，把握规律，善于抓重点，透过表象看清本质，化繁为简，有的放矢。

正确判断事务所属的物联网类型，能够立刻明确事务的轻重主次，判断出该事务是原则性的还是可变通的；正确判断人所处的物联网平台，能够立刻明确自己在该项目中的环节和作用，在事务流程中的顺序和缓急。在解决实际问题、达成实际目标的过程中不断进行积累，就可以形成判断事务轻重缓急的经验和技能，做到思路清晰、胸中有谱、心中有底，避免陷入纷繁复杂的琐碎劳动，做到真正科学、严谨、高效地完成工作任务。

总之，克服事务主义，一方面要运用企业物联网体系的理论，判断物联网类型、找准自己所处的平台、解析事务的轻重缓急，做到抓住重点，主次分明，大局为先，从而实现在烦琐的事务中游刃有余的工作方式；另一方面要配合团队的办事效率，既要有紧迫感，又要有行动力，只有科学方法加上强执行力，才能见成效。

第三节 教条主义

"教条"一词意为只凭信仰，不加思考而盲目接受或引用的原则、原理，也形容僵化死板、不知变通。"教条主义"是主观主义中的一种，意指不分析事物的变化、发展，不研究事物矛盾的特殊性，只是生搬硬套现成的原则、概念来处理问题。①

毛泽东在1930年写了《反对本本主义》这一篇檄文，并在31年后即1961年3月11日说："这是一篇老文章，是为了反对当时红军中的教条主义思想而写的。那时没有用'教条主义'这个名称，我们叫它做'本本主义'。"② 因此，教条主义也称"本本主义"。

一、教条主义的表现

上面所述的"原则""原理""概念"主要可划分为两类：一类是附着于人的，即权威言论，比如领袖、领导、偶像；另一类是立足于书面、脱离人使用的，即"本本上理论"，可以是教科书上的定义、公式，明文规定或约定俗成的条令、制度、经验和既定办法等。

---

① 该解释来源于《现代汉语词典》（第7版）。

② 何云峰．毛泽东对教条主义的四次批判［J］．毛泽东思想研究，2020（4）：50-58.

基于教条的两种分类，教条主义者通常有以下表现。

第一，教条主义者“唯书”，缺乏灵活性。他们往往将书本上的个别词句和结论当作准绳，只知道背诵“本本”而不重视调查研究，不加分析地套用或推广到现实情况中，套用的过程中具有机械、武断、僵化、孤立或静止等特点。

第二，教条主义者“唯上”，盲目追随权威。他们对权威或自己的偶像具有极强的信任、尊敬和当然的服从心理，往往存在个人崇拜情绪，迷信、盲从、依赖权威，一味相信权威的正确性，不加分析地盲目执行上级的指示或强行运用权威的思想和理论。

这两种表现都源于他们缺乏独立思考，在思想上存在自卑感，对自身不自信，只会依赖“本本”和权威言论等既成的精神产品，最终违背了认识规律，脱离了实际。正如黑格尔所说，崇拜偶像是主体“自我放弃的过程”，“崇拜行动本身开始于纯粹放弃某物并且放弃自己的人格……不把自己的行动归功于自己，反而把自己的行为归给普遍物或反射给本质，而不归给自身”。①

二、用企业物联网理论解读教条主义

在企业物联网中，“教条”即控制信息，一类是“上面教出来”的控制信息，即上面一个平台下发的控制信息，这些控制信息可以经过口头授权（交谈）或文字授权（企业中的文件或条款）等方式传递；另一类是套用“本本上的理论”的控制信息，该控制信息很可能与物联网都没有联系，只是生搬硬套上去的。

基于教条主义思想运行的物联网忽略了感知信息的运行，仅有控制信息在运行，如图 6-7 所示。

---

① 刘保民，王吉平，张参战．教条主义产生和形成的文化根源［J］．陕西理工大学学报（社会科学版），2019（4）：25-27. 来源于国家社会科学基金项目“马克思主义中国化进程中教条主义的形成及防范研究”（项目编号：15BKS022）和陕西理工大学人才启动项目“教条主义溯源及防范研究”（项目编号：SLGQD15-08）。

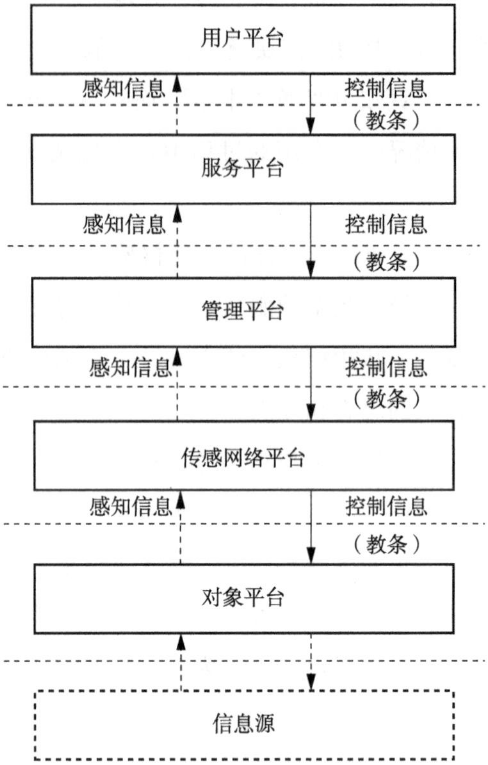

图 6-7　教条主义（忽略感知信息的控制信息运行闭环）

由于这一类物联网中只运行控制信息（教条），因此感知信息极弱，甚至不存在。每个平台都有可能存在教条主义思想作风，比如都信服于自身所爱戴的领袖、名人等权威或者习惯于运用一些既定的理念、方法，或者是一味崇拜该物联网中的一些平台。

这样的物联网忽视了信息源是千变万化的，忽视了各个平台也可能存在自主性和变化，如当今社会是多元化的，企业中的个体也具有多样性和独特性，故而单一的控制信息无法适用于整个物联网。控制信息应随着感知信息的变化而做出相应的调整。

三、教条主义问题的解决方式

我们在企业管理中的做事原则应当如下：反对教条，活学活用；坚持真理，反对片面的认识和见解。正如毛泽东在批判本本主义的时候所说："我们需要'本本'，但是一定要纠正脱离实际情况的本本主义。"书本上的知识多数都是前人无数经验累积的结果，是在一定条件下对人们有益的知识，对于正确的原则、原理、概念、经验等要坚持，但当它们存在错误、失真时或在不适用的场合时还坚持，那么它们就成了"教条"，需要摒弃和引以为戒。教条主义不可取，一味坚持教条，容易滋生保守心态，会阻碍发展、进步和创新。

教条主义问题的解决办法是在企业物联网中充分输入感知信息，发挥感知功能，使整个物联网中的感知信息和控制信息达到平衡，构成良性运行的信息闭环。输入感知信息的关键是各个平台充分发挥自主性、与信息源之间建立紧密联系、将信息体系（理论）与物理体系（实践）相结合，具体可以通过以下 4 种方式来实现。

1. 树立自信，独立思考

企业物联网的良好运行依托于各平台职能的充分发挥，处在各平台上的企业人员都应具有独立的主体意识和独立的思考能力。通过自身的判断、筛选、处理，产生的思考结果有一部分转化为该物联网中的感知信息，从而能够对上一平台传输感知信息，向下一平台传递控制信息，否则该平台将会"脑袋空空"、盲目服从和执行，失去了该平台在物联网中应发挥的作用。

例如，企业物联网中的服务平台将用户平台下达的一条指令传递给管理平台，但这条指令与用户平台一贯的理念有出入，如果管理平台盲目崇拜用户平台的领导能力或者不加判断地一味信赖服务平台，则很有可能忽略这一细节。相反，如果管理平台自身能够独立思考，并相信自己的专业管理能力，就很可能察觉这一细节，意识到指令的传达可能存在偏差，指令本身也可能存在需商榷之处，进而进一步主动核实信息的准确性，疏通信息受阻环节，消除一些差错。

2. 解放思想，实事求是

在独立思考的基础上方能不断解放思想，摒弃教条主义，实事求是。实事求是要求锻炼系统思维，全面、动态地看待不断发展变化的现实实践，透过现象看本质，系统地总结经验、教训；并且能够将本质理论运用于具体实际，实现具体问题具体分析。

3. 立足实践，调查研究

“没有调查，就没有发言权”，调查研究是联系实际、剖析具体问题的重要手段，同时也是克服教条主义的有效途径。

实践是一种信息源，包括自身的实践（亲身经历，多产生一手资料）以及他人的实践（多为间接经验和二手资料），调查研究则是感知的手段之一，因此立足于实践进行调查研究是功能平台与信息源之间的互联互通，形成信息运行方式为对象平台控制的小闭环。当然，一个物联网中除对象平台之外的 4 个平台，也可能是其他物联网中的对象平台，可以直接和信息源进行感知信息和控制信息的传输。

对象平台对信息源的感知越全面、准确且及时，感知信息就越多地进入企业物联网中，就越能为物联网的良好运行提供坚实的基础，使整个物联网的控制信息脱离教条主义的旋涡，使其不至于成为无本之木、无源之水，而成为正确的决策信息来指导物联网的健康、有序运行。

4. 破除迷信，勇于尝试

教条主义主要源于对书本和权威的迷信，有着浓重的保守主义色彩。因而破除迷信，打破“教条”——如企业中不合理的规章制度、未联系实际的理论和方法，基于一定依据，勇于尝试，常常能不断优化已有的规章制度、理论和方法，实现创新。

例如，企业最早的规章制度、工艺流程是由公司发起人一手创立起来的，可能已历经数十载，一批老员工对于发起人怀着深厚的情谊和敬意，并认为这一套规章制度和工艺流程在过去能够很好地激发出企业的巨大活力，是经过时间检验的科学方法，现在也一定可以助推企业再创辉煌，因此发起人（可能已成为企业的最高领导者）和老员工纷纷不愿意修改制度和流程，更不愿意改正工作方法。而现实情况是，这一套规章制度可能已经限制了年轻一代员工的创造力和积极性的发挥，已经不再适用于现状；工艺流程也已经跟不上社会发展的步伐以及市场对产品质量的需求，如果继续遵循这些“教条”将使企业和员工进入削足适履的境地。

对于这些不合时宜、部分脱离实际的“旧”成果，企业员工应保持清醒的头脑，破除迷信，破旧立新，在实践摸索中确立新的规章制度和工艺流程。企业员工的新思想、新经验、新尝试都是“新”的感知信息，是维持企业管理活力的新鲜血液。

第四节 形式主义

一、形式主义的表现

形式主义是一种片面地注重形式、热衷于做表面文章，不顾实际效果的作风，或是一种只看重事物的现象而不屑于分析其本质的思考模式和处事作风，它违背了内容决定形式、形式为内容服务、内容与形式相统一的科学原理，把形式强调到一种绝对化的程度，从而否定内容的意义，割裂形式与内容及现实的联系。形式主义的实质是责任心缺失，用形式代替实际行动，用美好的外在掩盖真正的矛盾和问题，在企业中具体表现是工作落实流于形式，弄虚作假，欺上瞒下，做表面文章，阳奉阴违喊口号多，扎扎实实出成效少。

工作落实流于形式：针对企业的工作事项，企业员工在贯彻落实过程中，习惯作“传声筒”，喜好以会议传达会议，以文件落实文件，表态很多，但实际行动很少，落实差，工作永远是单纯的转发和传达，不能转化为更具操作性的实施细则或不按照实际的实施细则执行；习惯以会议或文件宣告工作取得的阶段性成果。

弄虚作假，欺上瞒下：企业员工对待工作不重实效重包装，习惯用材料“包装”工作实绩，工作刚刚开展就急着总结成果、鼓吹宣传，具体表现为企业项目刚刚立项，成果就汇总好了；项目任务刚刚布置，成果就整理好了；项目刚刚启动，经验就总结好了。不报实情、不讲真话，不以实际工作开展情况为支撑，对工作问题避重就轻，掩盖矛盾和问题，通过偷换概念、编造数据、改变统计口径等方式来迎合考核指标。项目表面上完成得很漂亮，实际成果却乏善可陈，企业钱花了，却未能实现最初的目标，这对企业的发展危害极大。

做表面文章，阳奉阴违喊口号多，扎扎实实出成效少，脱离工作实际，热衷于以会议的形式安排、部署和检查工作情况，不注重实际调研，工作表面文章做得很漂亮，但工作的真实性未得到检验；同时，无论是在会议讲话、工作汇报，还是在正式行文中，空话、套话、大话太多，“重总结、轻工作”，“重意义、轻实事”，新理念、新口号层出不穷，但大多数情况下仅仅停留于口号阶段，说一套做一套。

二、用企业物联网理论解读形式主义

形式主义在物联网三体系理论中的表现为仅有物理实体的连接，即只存在物理体系，由于无信息在物理实体上运行因而缺少信息体系。本书前文已经介绍，企业物联网由物理体系、信息体系以及功能体系三体系组成，信息通过在物理实体上运行而表现出各自的功能，三个体系中任何一个运行不畅或停滞不前，物联网的运行都会出现较大的问题。显而易见，仅有物理实体的连接关系，而无信息的运行，物联网无法表现出相应的功能或表现出脱离实际、错误的功能，对公司危害极大。

形式主义是个存在严重缺失的物联网，在形式主义的物联网中仅仅存在物理实体的物理连接关系，由于缺少信息的运行连接，物联网的用户不仅失去了对对象状态的感知控制能力，不同物理层间的信息联系也被切断，物理层的物理实体成了摆设，并未发挥其真正作用。在企业中，喜欢搞形式主义的员工为了完成工作任务或应付考核、上级考察，往往通过纸质文件等形式搞出一堆规章制度或总结材料。在物联网三体系理论中，规章制度可以看作是物理层的实体，是工作信息运行的基础；而在实际工作中，搞形式主义的员工并未将工作信息置于规章制度的基础之上运行，规章制度仅仅流于形式，管理者看到的所谓功能表现只是员工欺瞒的结果，表面上工作做得很漂亮，实际上则脱离实际，信息体系并未真正有效运行，严重影响了管理者对企业发展的准确判断，为企业发展带来巨大隐患。

形式主义的信息运行如图 6-8 所示。

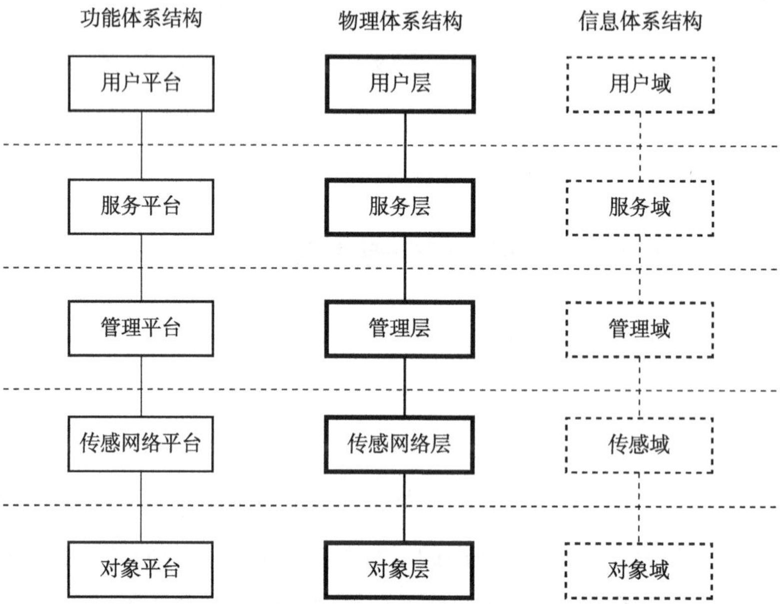

图 6-8 形式主义的信息运行（物理体系运行而信息体系不运行的闭环）

三、形式主义问题的解决方式

解决企业形式主义最好的方式是以物联网的物理体系为基础支撑，引导和监督工作信息在物理层的物理实体上以正确的方式运行（十闭环运行信息体系），发挥出各平台应有的功能，从而形成完整的功能体系。

以企业文化来说，由于企业员工对企业文化的认知更多的是挂在墙上的口号、标语，是看不见摸不着的东西，甚至意识不到企业文化的存在，对企业文化的执行更容易流于形式，最终使企业文化败于形式主义。真实的企业文化是围绕着企业信仰、目标，为企业更稳定的发展提供支持的风向标，优秀的企业文化可以塑造企业良好的工作氛围，规范企业员工的行为，稳固员工的工作状态。企业文化的良好运行不是通过搞文艺演出、开展活动就能成功的，这完全曲解了企业文化的含义，是标准的形式主义。企业文化不是一件形式主义的外套，解决企业文化的形式主义问题既要正确理解和把握企业文化的深刻内涵，更要尊重客观规律——企业物联网的运行规则，并结合实际来开展。

建立健全企业文化组织和制度保障：为保证企业文化的正确传播、入心入脑，以实现凝聚团队、提升企业形象、提高企业软实力的重要意义，就要成立专门的企业文化管理部门或设立专人专岗，负责企业文化建设的日常工作，包括企业文化建设与管理工作的规划、落地、考核、评估反馈等工作以及企业文化培训工作，并要求企业文化建设工作人员要率先学习、深刻领会，个人素养过硬。制定公司企业文化手册或制度，按照企业文化目标对规章制度进行梳理、修订、完善。明确企业文化建设的负责人和参与人，使之各司其职，明确责任，为企业文化建设工作的顺利开展提供系统化的组织和制度基础——物理体系。

打通信息沟通渠道，上传下达、令行禁止：在前期企业文化的组织和制度保障建立起来后，企业文化的建设应是以此为基础和载体，围绕企业的信仰、目标以及生产经营活动，将企业文化彻底运行起来——信息体系正常运行。

追求实绩、注重实效：企业文化信息体系的运行需与生产经营、精神文明建设等工作相辅相成、互相促进，将企业文化完全融入生产经营的全过程，发现问题及时解决、发现冲突及时调整、发现偏离及时纠正、发现不足及时优化，以点带面地将企业文化内化为全体企业员工的共识，彰显企业文化的活力和生命力，促进企业生产经营和员工的个体发展，树立员工主人翁意识，增强企业的凝聚力和向心力——功能体系稳健运作。

第五节 经验主义

一、经验主义的表现

经验主义（与学术上重视实验研究和理论推导的“经验主义”一词意义不同）是从已有的局部感性经验出发解决现实问题，将已有的局部、片面的感性经验夸大为具有普适性的普遍真理，不顾实际条件一味“套”之，是一种主观认识与客观实际表面结合的具体体现。

许多企业管理者之所以喜欢运用经验主义来处理事务，无非就是因为它高效快捷、风险小。经验主义表现在处理具体工作时，倾向于将事情通过纵向、横向比较，甚至直接用照搬照抄的方式来解决，此种策略无疑较为安全，却忽略了实际情况不适用、不匹配的问题。因为客观事物本身也处于不断的发展变化之中，企业管理者也需要新思想，不能总是被经验束缚而裹足不前。经验主义并非十恶不赦，它能帮助企业提高工作效率，但同时也伴随降低工作质量的风险。

经验主义的出发点是狭隘的局部经验，体现在企业管理上则是一些曾经创造过傲人业绩的管理者，经过数次商场博弈，逐渐建立起了自己的经验体系，但逐渐倾向于把管理经验定型化、教条化，甚至盲目迷信自己的经验，不重视理论知识的指导作用；或者是把管理经验机械地到处照搬，在处理问题的时候，常常通过主观臆断做出判断，“一刀切”地解决问题，而不是通过观察、实验和理论推导；或是采取孤立、静止、片面的观点，而不是坚持联系、发展、全面的眼光。

哈罗德·孔茨曾在《管理理论的丛林》一文中指出：“没有人能否认对过去的管理经验或过去的管理工作‘是怎样做的’进行分析的重要性。未来情况与过去完全相同是不可能的。确实，过多地依赖于过去的经验，依赖历史上已经解决的那些问题的原始素材，肯定是危险的。其理由很简单，一种在过去认为是‘正确’的方法，可能远不适合于未来情况。”① 由于组织环境一直处于变化之中，故而经验主义者因强调经验而无法形成有效的原理和原则，难以形成统一完整的管理理论。管理者仅仅依靠自己的经验，过分地依赖未经提炼的实践经验和历史来解决管理问题是无法满足需要的，因为过去所依赖的经验未必能运用到将来的管理中。

“实践是检验真理的唯一标准”，经验也只是经验，如果经常把经验当作方法论，一切从主观出发，对所有事情的解决方案都是一概而论，而不考虑实际情况的话，则违背了辩证唯物主义和历史唯物主义的做法，把片面的相对真理夸大为普遍的绝对真理，凸显了主观与客观相分离、认识和实践相脱节的主观主义特征。从危害性的角度来说，经验主义与教条主义类似，两者都拒绝具体问题具体分析，坚持以主观判断作为研究解决问题的出发点，拒绝从客观实际出发，而这种脱离特定的客观对象和现实条件的处事态度，在面对实际问题时将变得“束手无策”，很难达到理论指导实践、发展真理、创造价值的目的。

二、用企业物联网理论解读经验主义

用企业物联网理论进行解读，经验主义是脱离了实际情况运行的大闭

① KOONTZ H. The management theory jungle [J]. Journal of the Academy of Management, 1961, 4 (3): 174-188.

环运行体系。对象平台获取的信息，其获取途径不是通过感知信息源来获取的，而是将其从内闭环运行过程中或从其他渠道获取的局部的、感性的、片面的经验作为经验主义下的物联网体系的信息源；同时，在经验主义下企业物联网大闭环的信息运行也不是完整的闭环运行，如图 6-9 所示。

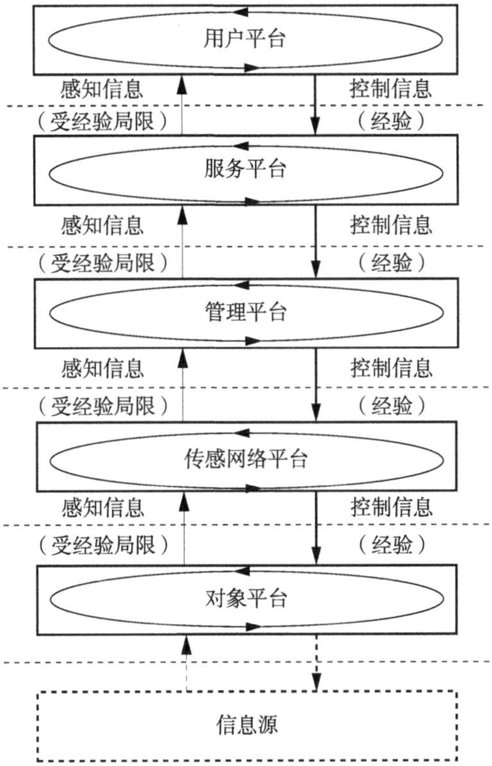

图 6-9　经验主义的信息运行（基于自身信息库/经验进行的半网信息运行）

在经验主义下运行的企业物联网大闭环，只进行了从用户平台到对象平台的经验信息（控制信息）的传递，而缺乏从对象平台到用户平台的感知信息的传递，换言之，即经验主义下的企业物联网信息体系运行其实是半闭环运行状态，信息不能畅通运行，这样一来，企业物联网的运行效率就会降低，这种运行甚至会造成企业物联网的破裂，导致企业在管理过程中出现各种各样的问题，进而影响企业的正向发展。

随着企业规模扩大、人员增多、竞争加剧、客观环境变化等因素的出现，作为用户平台的企业管理者，如果没有注意对以往经验的升级，或是过度迷信落伍的经验，不考量实际情况是否与经验相吻合，而是“照本宣科”，把经验重复地应用于不同场景下，不感知对象平台、传感网络平台、管理平台、服务平台传递来的情况说明或事项解析信息，就会使企业物联网无法形成完整的信息运行闭环，从而使物联网中各个平台缺乏对信息的感知，仅依靠内闭环的信息运行（经验）分析管理并指挥控制各个平台的运作。这样的企业物联网是暂时的、不完整的甚至是极易破碎的，这对于任何一个企业而言都是具有潜在危害性的，尤其是当用户平台需要对企业战略等情况做出重大决策时，仅仅依靠经验主义是不够的，此时恰恰需要从实际角度出发，积极感知信息，让企业物联网的信息闭环自上而下、自下而上、完整地运转起来，从而形成一个具有良好信息运转的、完整的企业物联网大闭环。

三、经验主义问题的解决方式

针对经验主义满足于局部经验，否认理论指导作用的情况，解决经验主义带来的问题是需要根据实际情况进行一一分析的，本节将以处于用户平台的企业管理者角度进行论述。

在企业物联网体系中，处于用户平台的企业管理者不仅需要具备管理技术工具和管理技能，还要有学习总结归纳、运用企业物联网理论举一反三的能力。企业管理者应该把生活和工作中的相关事务联系起来观察，具备对事务进行整体性考量的思维，结合并参考以往的经验，但不只是依赖经验，而是考量具体实际情况，把一件事情或项目按照相关性、重要性等方式加以分类分析，将各个环节逐一进行拆分，然后分配到对应的行政物联网、职能物联网、授权业务物联网、关联业务物联网等物联网中进行运转（这一过程即寻找网的过程），并由自身作为用户平台的主体，主动为各个物联网寻找匹配服务平台、管理平台、传感网络平台、对象平台的主体，以确保该企业物联网体系的可运行性和稳定性。

同时，在处理事务时也要注重企业物联网中信息体系的双向运行，管理者也需要保持对事务、局势等形式变化的敏锐度，需要及时感知从对象平台、传感网络平台、管理平台、服务平台等各个平台传递过来的信息，且确保这些信息能够得到高效处理。与此同时，获取的信息应来源于信息源中，而不是仅仅依靠已有的经验（企业物联网各个平台的内闭环中获取的信息）。另外，还需要用户平台的主体即管理者，不断学习新生事物，掌握新的理论基础，并拥有独立思考的能力，能够及时消化并吸收新事物中的正向因素，做到与原有的经验中好的因素相结合，推陈出新。如此，经验就不会变成僵化的经验主义，而是会提升出新的经验，以此来维持企业物联网体系中各个平台的内闭环良好运行，并能持续运用在整个企业物联网体系中，控制信息的有效传递，让整个企业物联网大闭环更加高效、有序地运行。

第六节 “狼性文化”

近年来，中国经济高速发展，各类型企业层出不穷，随之而来的各类企业管理思想、各类管理现象也相继涌入大家的视野，其中关注度较高的就是“狼性文化”。

一、“狼性文化”的表现

“狼性文化”主要表现为两个特性。一方面体现为狼作为动物而自带的优势，例如，以奋斗为本、讲求团队精神、不计个人得失的集体主义，理解指令并绝对服从、不屈不挠、敢于牺牲一切的竞争思维等；另一方面聚焦于狼作为捕食者的属性，“狼性文化”又包含弱肉强食、优胜劣汰的思维，缺乏人文关怀和人的德性。

事实上，“狼性文化”就是指在企业运行过程中，将狼身上所具备的一些特征运用到企业管理中，让人去模仿狼，甚至提高到企业文化、公司目标价值等高度。对外强调要像狼一样凶狠、有野心，去进行类似消灭、掠夺等行为，但公司整体以结果为导向，会造成公司在市场环境中留下野蛮、残忍、贪暴的形象；对内的管理则体现在缺乏人文关怀，较多地关注物质方面，几乎不关注也不解决员工在精神方面的需求，这会导致极端化的人治、强化内部竞争等后果。

二、用企业物联网理论解读“狼性文化”

“狼性文化”的信息运行如图 6-10 所示。

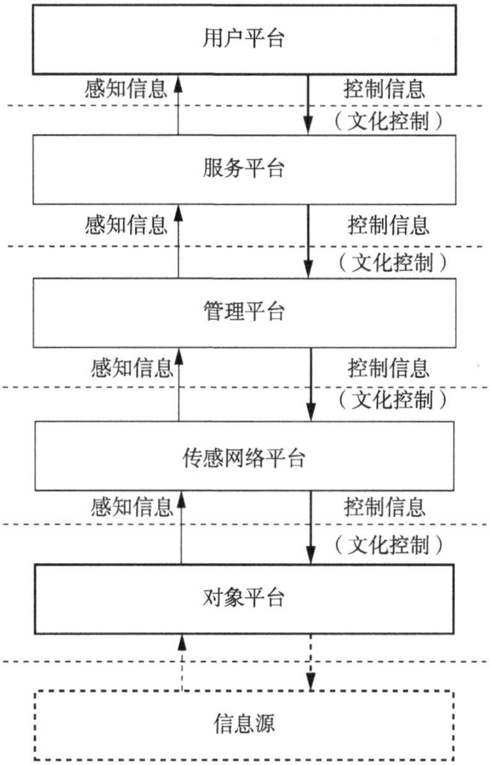

图 6-10　“狼性文化”的信息运行（高效率但不均衡、不和谐的信息运行闭环）

用物联网理论来解读“狼性文化”，可以看出“狼性文化”实际上是一种不均衡、不和谐的闭环运行的物联网，具体可以从以下 3 个方面解读。

1. 物联网运行特征分析

“狼性文化”下的企业物联网中功能体系的五平台具有以下特点：①以“头狼”形象为典型代表的用户平台对整个物联网实行高度控制，即用户平台非常强势；②对象平台作为最终执行平台，积极响应用户平台的控制信息，高效而且高完整度地依照用户平台的指示完成工作；③原本应该存在于用户平台和对象平台之间的服务平台、管理平台、传感网络平台等被极大地弱化了，甚至可能不存在，不参与物联网运行，即使在上述3个平台还存在的情况下，其功能和职责也已被大大弱化了，主要从事上传下达的工作，不鼓励其加入个人的思考、判断等，也就是在事实上形成了小闭环运行的情况。

在整个物联网的信息运行中，强调控制信息的作用，而弱化感知信息，控制信息拥有很强的权威性，所以信息自上而下的路径十分畅通、高效，这就表明上级、领导的声音和话语权极强大；而自下而上的信息则十分微弱，容易被忽略，这意味着员工的建议、意见、呼声、需求等容易被无视。所以“狼性文化”也是强调个别领导人格魅力的一种企业管理模式。

2. 优缺点分析

推崇“狼性文化”的物联网由于具备极强的竞争力，非常适合初创公司。为了实现初期的发展，初创公司需要快速在市场中站稳脚跟，从旧的经济格局中抢占市场。而此时，一个极具个人领导力的用户平台就显然十分重要了，类似狼群中“头狼”角色的人物，带领和管理公司保持活力，快速前进，开疆辟土。

“狼性文化”下的企业也有相应的缺点。因为过度强化用户平台的作用，所以整个公司的运作就对用户平台依赖性很强，这会导致这种模式的风险性很大，如果用户平台出现工作差错、判断失误，或者平台本身出现个人难以预料的问题，就会影响整个物联网的运作。所以，“狼性文化”只适用于公司发展初期、规模较小的时期，可以根据实际情况，快速调整组织结构。

3. 发展阶段分析

当企业发展到一定规模，对物联网中各个平台的运行就提出了更高的要求。随着企业不断发展，业务不断扩大，企业内部人员增多，为了管理的需要，相应的管理层级也会增加，当初简单的小闭环运行已经不能满足公司内部管理的需要。

从外部环境来说，当公司发展到一定规模后，所面临的外部局势也更加复杂，同行业的竞争更加激烈，同时也意味着对社会成员有更多的责任。如果仍然保持狼的攻击性，持续“攻城略地”，那么最终会打破自己的企业物联网，阻碍其他企业的发展，进而破坏市场经济秩序，甚至破坏整个社会的和谐、健康运行。这实际上也削弱了企业自身的发展潜力，其进一步发展的空间就会变窄。因为牺牲了客户、同行等太多人的利益，容易失去联盟，给自己树立更多的敌人。

公司发展壮大后，每个平台所面临的挑战更多，需要解决的问题难度更大，单靠自己的力量可能难以承担，需要和更多的信息源（资源）建立良好的关系，增强自身综合实力，降低发展风险，这个时期，再塑造和运用“狼性文化”可能无利反而有害。所以“狼性文化”适合一个公司短暂冲刺和开拓，但不利于长期发展。

三、“狼性文化”中问题的解决方式

1. 树立企业物联网管理思维

在企业管理过程中，不应该对“狼性文化”有过于偏激的看法，而应抛弃既有成见，理性地认识到“狼性文化”有其优点，但同时也有相应的缺点。在企业发展的某些阶段合理利用“狼性文化”，可以帮助初创公司快速成长，使其能够在较短时间内迅速扩张规模、增强实力等；但当企业发展到不适合继续运用“狼性文化”的阶段后，应该保持清醒认识，及时调整公司管理策略。极端推崇“狼性文化”和一味贬低“狼性文化”都是不可取的。最根本的是应该灵活运用物联网理论，根据实际情况，随时调整，保证整个物联网体系的运作是健康、良性的，才能保证企业长期稳定地发展。

2. 增强风险意识

在以“狼性文化”为主导的企业发展过程中，为了保持企业的竞争力和高效率，建立起了一种高效运行的、不和谐的物联网，其主要是在用户平台和对象平台之间有效地传递信息，这就赋予了用户平台较大的权责，但整个物联网运行风险极高。所以在运行中，需要时刻保持风险意识，做好风险预案，避免盲目冒进、“孤注一掷”等行为，应考虑得更加全面，充分发挥每个平台的作用。

3. 合作、和谐发展

以“狼性文化”为主导的公司，因其极强的竞争性和扩张性，会在发展自身的同时，在一定程度上损害同行业、同领域其他企业的利益，也会对作为“信息源”的整个社会环境、经济环境造成破坏，打乱市场经济秩序。为了长期、和谐的发展，企业应该减少攻击性，积极寻求与同行的合作可行性，避免过于“贪婪”；需保持长远的目光，在公司发展战略上制定长期发展战略，不应该只着眼于眼前的利益，而更应该从整个社会经济环境出发，谋求共同和谐发展的大环境。

4. 建立文化物联网，注重精神需求

一般来说，企业物联网包含经济物联网和文化物联网，经济物联网是企业发展的基本条件，而文化物联网是整个企业文化的产物，也是企业在生存之上的更高追求，对经济物联网也有着深远的影响。然而“狼性文化”下的企业形态只重视企业经济物联网的建设，忽视甚至缺少企业文化物联网。

整个企业发展完全以利益为导向，对企业中的“人”也完全以“狼”的标准来要求，忽视人的精神需求，用较大的物质利益去激励员工、补偿员工、约束员工等。

没有文化物联网的企业是不健康、不可持续的，所以在企业整体发展的同时，也应关注员工的精神需求，只有员工成为真正的“人”，才能有活力，才能持续创新，进而助推企业的良性发展。

第七节 好人主义

一、好人主义的表现

所谓“好人主义”，顾名思义就是“谁也不招、谁也不惹”的处世哲学，虽说听起来仿佛是与世无争地生活、本本分分地做人，但实质上并不是这样。传统意义上，“好人”给人和蔼可亲的印象，不针锋相对，也不四面树敌，本本分分，与世无争，讲究一团和气，本义是一种褒奖。但当好人演变为一种“主义”时，它就发生了质的变化。“好人主义”是对错误思想和行为的容忍，它麻痹人的真假、善恶之心，目的是讨好卖乖，说到底是个人主义和自由主义思想在作怪。“好人主义”不好，一害集体、二害同伴、三害本人，其实是有百害而无一利的“歹人主义”。好人主义的本质是以讨好、得好来掩盖对“真”的追求。

好人主义的主要表现分五大类，分别是：“四处讨好、左右逢源”的八面玲珑型；“事事小心、处处留意”的四平八稳型；“好大喜功、华而不实”的粉饰太平型；“团团伙伙、权利交换”的唯利是图型；“目无法纪、投机取巧”的心存侥幸型。

好人主义，看起来是对人“好”，团队氛围一团和气，其实是对自己、对他人、对事业都不负责任。“小洞不补，大洞吃苦”，人非圣贤，孰能无过，出现缺点、错误，是难免的；百密一疏，工作安排得再细致，分析评估做得再全面，也会发生不周全的情况和突发状况；制度编制得再健全，也总存在规矩和人情产生冲突的时候。许多错误都存在一个从量变到质变的过程，开始往往只是出现一个缺口。而这种时候的一次批评、一次反省、一次坚持原则，就会让团队犹如醍醐灌顶，当头棒喝，随即提高警惕，防止歪风邪气乘虚而入。

好人主义，意在讨好、得好，但最终往往对自己也没有好处。好人主义奉行的是明哲保身的处世哲学。这样的人可能会有“好人缘”，也可能会得到某些“好处”，但是事业的可持续发展、团队的凝聚和谐需要的是光明磊落，只有这样的团队、这样做的事才能经得起实践的检验。而那些一事当前，先为自己打算，瞻前顾后、患得患失的“好好先生”“老好人”等在丢掉了原则的同时，也丢掉了自身的威信；而且，这样的“好人”往往难以把心思集中在工作和学习上，在意别人的评价多于关注自身的成长，影响自身素质和能力的提高。只顾自己做好人，不顾他人受蒙蔽、集体利益受损失，这也是利己的狭隘思想，最后必然难以适应新形势、新任务的要求，难以担当重任。

二、用企业物联网理论解读好人主义

下文将运用企业物联网理论从 3 个方面解读好人主义：5 个平台的好人主义表现、好人主义与企业物联网相悖的实质、好人主义对企业物联网的负面影响。

在用户平台中的好人主义会出现奖惩不明、是非不分的现象，在信息的传递过程中自上而下容易出现投机钻营、油嘴滑舌、曲意逢迎、浑浑噩噩等问题，自下而上容易出现以领导喜好为目标而偏离工作本质、不担责任保平安而互相推诿、反馈信息失真而掩盖问题等情况。

在对象平台中的好人主义会习惯于在工作上“等、靠、要”，安于现状毫无斗志，常年做隐身人，面临被淘汰的危机。

服务平台、管理平台、传感网络平台是好人主义的“多发地”和“重灾区”。团队的中间层如果出现“四处讨好、左右逢源”的作风，则整个物联网的运行都是自欺欺人的，信息是被“乔装打扮”过的。自上而下，只有官话套话，不解决任何问题，不承担任何责任，下级平台对上级平台也会渐渐失去信任；自下而上，只有阿谀奉承，不暴露任何问题，没有任何原则底线，上级平台对下级平台的评价也会逐渐有失公平。

如果出现“事事小心、处处留意”类型的好人主义作风，遇到问题只会传递问题，则信息传递是无效的，没有决策和结果是无法形成闭环的，整个物联网只能算一个知情网，并非一个感知—控制运作网。信奉“多一事不如少一事”“枪打出头鸟”的信念，工作得过且过，甘于平庸，看似整个物联网四平八稳，实则控制信息和感知信息都十分脆弱，工作的结果不好，水准偏低，整网面临淘汰。

如果出现“好大喜功、华而不实”类型的好人主义作风，报喜不报忧，则感知信息是缺失的、片面的，就会造成平台之间的麻木和隐瞒；急功近利，粉饰信息，弄虚作假，每个平台对信息的判断都失去了意义；对一点小成绩津津乐道，裹足不前，全网“一片大好”，信息通道被蒙蔽。

如果出现“团团伙伙、权利交换”类型的“好人主义”作风，从宽从利，暗箱操作，明目张胆破坏信息渠道的公平公正；凡事从本平台、小闭环利益出发，大局观念淡薄，那么整个物联网将漏洞百出，不堪一击。

如果出现“目无法纪、投机取巧”类型的好人主义作风，在原则问题上装糊涂、踩红线，整个物联网就会处于危险中；甚至宁愿自己的物联网黑暗恶劣不做事，也不愿别人做事，对运行好的物联网冷嘲热讽、暗中阻碍。

好人主义出现在工作中，出现在工作的团队中，就是物联网中的“串网”（将网错误地连接起来）。把做人的物联网用来做事，在做事的时候进入了做人的物联网，用做人的物联网中的各种关系来连接做事的物联网。串网的结果当然是不匹配、不兼容、效果差甚至全线坍塌。

这些好人主义现象看起来是谁也不招、谁也不惹、与世无争，但实质上是对错误思想和行为的“容忍”，极易麻痹人的内心秩序，搅乱外部环境的真假、善恶、是非，说到底还是个人主义和自由主义思想在作怪，对企业百害而无一利。企业物联网中的好人主义看起来是对人“好”、对集体和谐“好”，其实是在工作中不敢担责、利己误他，用工作送人情，损害了全网各平台的利益，阻碍了信息传递的通道和闭环的形成。

好人主义的信息运行如图 6-11 所示。

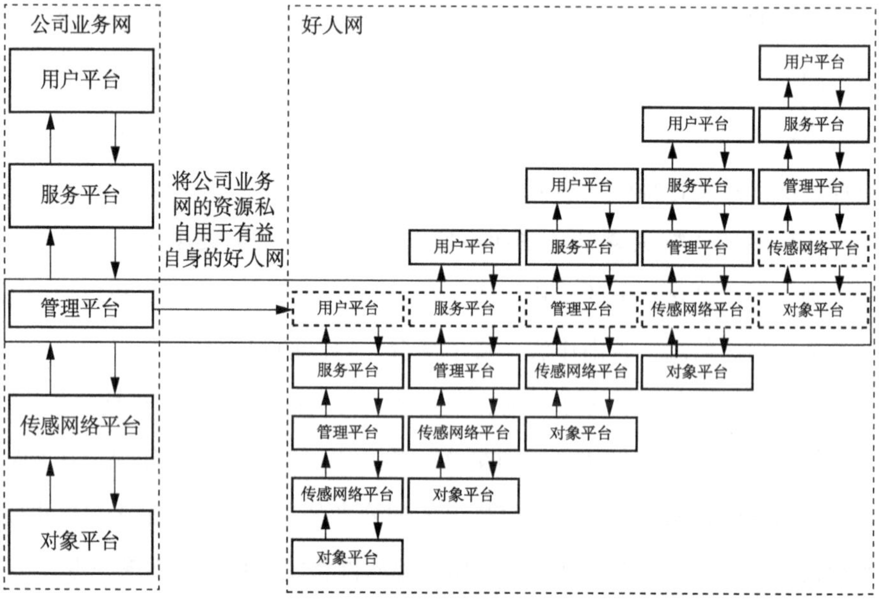

图 6-11　好人主义的信息运行（只满足平台自身某个需求的信息运行闭环，容易串网）

三、好人主义问题的解决方式

1. 用企业物联网的思想矫正态度

奉行好人主义，说到底是私心杂念在作怪，认为如果批评上级，就得罪了领导；批评同级，就陷入了孤立；批评下级，就丢了好人缘。依据企业物联网理论进行分析，在该理论体系中，平台失去了职能功效、信息运行非闭环、假闭环才是工作失败的指针。要实现在企业物联网体系中各司其职，就要保持客观、务实的工作态度。

开展平台教育，自上而下抵制上级平台一听好话就喜滋滋、乐陶陶，而听到批评和不同意见就火冒三丈，甚至耿耿于怀，打击报复；自下而上杜绝“说得比做得好”“做鬼比做人强”的思想，鼓励各平台在对待批评的问题上，要有闻过则喜、从善如流的胸怀，尊重和遵循物联网信息运行的规律。

2. 用企业物联网的理论完善制度

加强各平台考核的客观、公正、透明、民主，推行考核目标量化，规范实绩考核评价标准。坚持正确的用人导向，既不让敢于坚持原则、踏实工作的人吃亏，也绝不能让“老好人”占便宜，不让好人主义有市场，才能将合适的人放在合适的平台上，让整个网高效运行。选拔任用，就事论事，以网论网，以平台对接平台，是比较客观直接的评价体系。

3. 用企业物联网的管理正确引导

好人主义，从思想根源上讲，还因为雇佣意识不强。处于非用户平台的成员没有摆正自己的位置，甚至把自己看作所处物联网中的主导者，即擅自越权充当用户，把企业物联网中的资源以“老好人”姿态分配给其他人，导致企业物联网无序运行。用企业物联网的管理理念进行培训、引导，使实践者正视自己所处的位置——找到自己所处的物联网和平台，确认自己的职责并深刻理解一个物联网整体不可分割，一荣俱荣、一损俱损，这是找寻“自身净化”能量的方法。

第八节 技术治理主义

世界知识产权组织把世界上所有能带来经济效益的科学知识都定义为技术。技术是基于一些科学道理所形成的、用于解决现实问题的一定的程序：可以是制造一种产品的系统知识、一种工艺或提供的一项服务，如发明、外形设计、技术情报或技能等方面；也可以是为运营一个工厂、为管理一个企业或其活动而提供的服务、协助等方面。

顾名思义，技术治理主义是指在处理各种社会现象和现实问题时只强调技术，而忽略人的主体性作用，即忽略人对内外部环境的反应。

一、技术治理主义的表现

技术治理主义有两个核心特点：①强调科学管理，认为要用科学原理和技术方法来治理社会；②主张由接受了系统的现代自然科学技术教育的各种专家来掌握治理权力，赋予“高技术（者）”过高的权力。

在企业中，技术治理主义表现为依据科学技术工作规律，对企业的生产、经营、研究、技术开发和创新等全部活动进行计划、协调、控制和激励等方面的管理工作。

秉承技术治理主义这一思想作风的企业管理者，通过建立科学的工作程序和对科学规律的运用，对各项活动中的技术水平进行评价，帮助企业分析技术转化为经济效益不足的原因，制订改进措施，致力于有计划地、合理地利用企业技术力量和资源，从而实现把科技转化为现实生产力，促进企业进步，增强企业的竞争能力，达成企业技术进步和经济效益的目标。

但是，技术有一定的局限性和针对性，在一定情况下有效的技术在其他情况下则不一定适用。例如，关键绩效指标（KPI）是衡量流程绩效的一种目标式量化管理指标，也是把企业的战略目标分解为可操作工作目标的工具，适用于能够量化的工作绩效表现，并不是针对所有岗位都适用，其衡量指标也比较难界定。因此，技术不能被滥用。

并且，技术的更新换代速度是比较快的，致使技术在被应用时具有一定的滞后性。例如，现场管理方法的内涵不断变化：1955 年，日本提出了“整理”“整顿”两个“S”；后来因为生产和品质控制的需要逐步提出了后面 3 个“S”；1986 年，这些标准共同被称作“5S”（整理、整顿、清扫、清洁、素养）；我国企业在 5S 现场管理的基础上，结合安全生产的需要，增加了“安全”要素，形成“6S”（如华润集团在 1999 年便使用了“6S”管理方法）；后来还逐渐出现了“7S”（增加了“节约”）、“8S”（增加了“服务”）、“9S”（增加了“满意”）、“10S”甚至更多（增加了“保密”/“学习”/“坚持”/“制度化”/“标准化”等部分内容）。技术的发展速度之快从现场管理方法中就可见一斑，因此，技术应当及时创新，否则就会被淘汰。

此外，一味强调技术治理主义，容易在判断和评价中过度倚重量化指标、追求绝对的科学性和理性，导致唯技术、唯数字、唯指标等极端化现象。因此，技术只是企业管理中的一个重要手段，并不能成为唯一标准，适度地配以实用经验、个人判断、发挥主观能动性等方面是必要的。

综上所述，技术治理主义适用于对业务较为简单的企业进行治理，在这些企业中工作容易量化、变化缓慢且幅度小，技术的适用面较广、滞后性较弱；但在业务复杂、企业环境瞬息万变的情况下，利用科学理论和技术“简单化”“一刀切”地处理企业中的各项事务往往行不通，绝对的理性和科学性只是理想状态，在现实生活和企业管理活动中是不存在的。

二、用企业物联网理论解读技术治理主义

依据企业物联网理论，技术治理主义这一思维是指将技术作为企业管理各项活动中最重要的考量标准，注重用技术标准对各项活动进行感知和控制：在这种物联网中，各个平台并未从多角度、全方位地感知周围要素，而是主要依靠技术标准进行感知和推测，感知功能比较弱；这种物联网对控制信息的把握标准也主要是技术，用技术对各项活动进行控制是技术治理主义的重要特征，因此相较于感知功能，其控制功能较强。

用企业物联网理论解读技术治理主义，其信息运行闭环如图 6-12 所示。

以技术治理主义思维运行的企业物联网，是把现实情况理想化和简单化后进行信息运行的物联网，适用于业务简单、物联网数量和种类比较少的企业。但是，若将此思维运用到复合、混合物联网的时候，相当于利用技术投机取巧，无视此类物联网的复杂性与变化性。用纯理性客观的技术来操控解决所有问题，从某种程度上会导致极端机械主义，流程看似简单顺畅，却忽视了物联网各平台主体的主观能动性。

当各个平台所遇到的情况都是可预计、可设计解决办法的，物联网的运行也是通过技术手段完全可控的时候，企业物联网才能达到健康、和谐、均衡的运行状态。这种要求较难匹配，在现实中较少出现，具体原因如下。

（1）信息源是千变万化的，并非一成不变。企业中的多项活动都涉及人和环境等要素，企业员工在生产、运营、人事、宣传或财务等业务中时常要与不同的生产资料、事件、合作者发生联系。将他人作为信息源时：

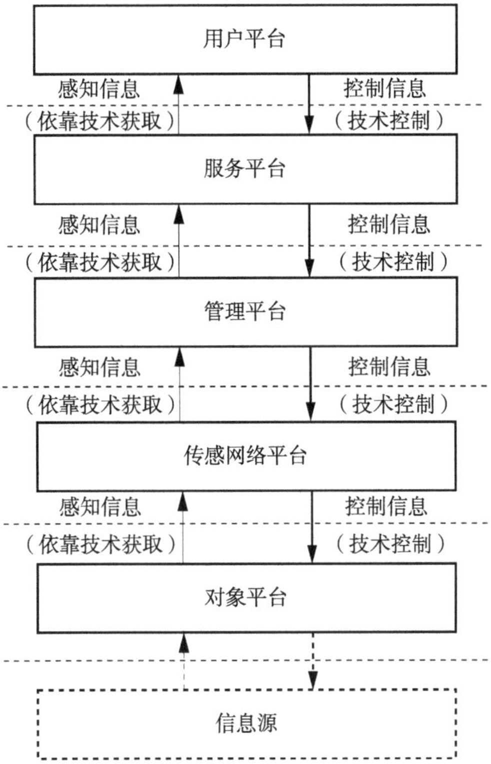

图 6-12　技术治理主义的信息运行（简单化、理想化的信息运行闭环）

他人在信息的理解方面具有一定的自主性和主观能动性，存在未按照对象平台的预设进行的情况；他人也可能在与对象平台沟通的过程中产生新问题，超出一些技术和科学方法的范围；对象平台在接收他人所发出的信息时也可能遭受各种主客观因素的阻碍，未必能十分畅通，如采用文字交流时双方均有误解，采用网络搜集的资料不全面、不完全真实而导致对象平台误判，等等。将环境作为信息源时：对象平台用于感知和获取环境信息的技术水平的不足会在一定程度上阻碍对象平台与信息源之间的良性运行，无法达到预期的信息传输效果。

当对象平台与信息源之间运行不畅时，进入物联网的是技术能够辨认的、不完整的信息，而需要依靠其他维度来识别的很多信息和变化则无法进入物联网。

（2）面对变化万端的信息源，企业物联网的五平台却只崇尚技术和既定的科学标准，要求企业中的人员处于一种非常理性的状态，即每个人员都是权责分明、理性运行的，不存在感性思维和其他运作方式，并且各个平台对工作、环境、其他人员所具有的不确定性缺乏适应性，这样容易导致各个平台难以应对技术所不适用的情况，从而导致整个物联网的运行越来越僵化。

这里以前面提到的 KPI 考核方法为例，来说明各个平台采用技术治理主义思维将如何运行。公司如果处处推崇 KPI 考核方法，赋予量化标准过高的效力，那么：①用户平台将采取技术治理主义思维，忽略部分实际情况，下达硬性指标，为其他平台和整个物联网的运行制定量化的规则，如产能、销售额、招聘人数、培训次数、产出的报告数量等；②用户平台通过对整个物联网的主导性权力，为物联网定下了崇尚技术和科学方法的基调，其他平台也会遵循此规则开展工作，不得违背，于是服务平台将用户平台的指令向下传达，管理平台根据指令进行整体分析、评价、统筹和运营；③由于管理平台是经由用户平台授权才能对整个物联网的事务进行管理的，又深受技术治理主义思维的影响，因此将会严格落实用户平台的指令，但招聘人数、培训次数、产出的报告数量等却不像产能和销售额那样适用 KPI 考核方法，所聘人员、培训、报告的重要性和质量应当比其数量更为重要，而对于质量和重要性的衡量离不开质性评价和主观判定，这样就会让管理平台在管理工作中遭遇现实矛盾；④由于以上 3 个平台推崇的是技术治理主义思维，传感网络平台为管理平台和对象平台之间传输的信息和数据也主要是技术维度的，对象平台也不得不一切以“量”为先，争取在形式上符合技术考核要求，重“量”不重“质”，长此以往将会很难解决现实问题。

三、技术治理主义问题的解决方式

面对极端的技术治理主义思想作风所引起的问题，其解决办法是：①改变认知，弱化对整个物联网运行的理想化程度的推测，明白完全理想化的信息运行方式只是模型，而非现实存在的，各个平台只能尽可能趋近但无法达到理想的运行状态；②强化整个物联网的感知信息的运行，不再局限于科学技术维度，从而让更多信息通过不同的维度进入物联网，不仅考虑企业各个平台中员工的应然状态，还要考虑其实然状态，如员工因为身体或情绪状况而影响了工作状态、效率和效能等，这些情况在制定考核指标时就应适当地考虑进去；③相对弱化整个物联网的控制信息的运行，适当授权，减少科学技术上的条条框框，允许各个平台在一定程度上发挥创造性和自主性，使它们最大限度地依据权责为物联网的运行做出贡献，以“质量”制胜“唯技术（指标）论”。

第九节 冒进主义

当企业处于成长期时，企业心中只有目标，而忽略过程的价值，很有可能蔑视规律，采取“透支”式的冒进和扩张，这样未免会让组织以更大的未来成本来偿还，或者当即遭受一些损失。当然，企业员工处于成长期或急于证明自己时，也有可能贪功求全，做出超越自身能力的事情。这些都属于下面要阐述的“冒进主义”的情况。

一、冒进主义的表现

冒进主义是指不顾自己的实际能力，一意孤行，想要一蹴而就。其特点是：①不顾客观条件、认识程度和实际可能性，缺乏对风险的认知和谨慎态度，甚至可能带有侥幸心理；②盲目地主张冒险，采取超前行动，硬干硬拼，急于求成。

冒进主义与保守主义是相对的，前者所做的决策是冒险的、超前的，后者所做的决策则是过于谨慎的、可能低于自身能力的产物。冒进主义者相信自己有足够的能力来达到目标，把目标（一种结果）的价值作为其做出决策的选择标准，只关心行为的结果所具有的价值，而不关心这种结果的发生概率；并且存在侥幸心理，把难以出现的小概率事件当成容易出现的大概率事件来对待，很容易忽略可能面临的巨大困难或巨大危险。

适度的敢想敢干，也就是既谨慎又不至于过于保守，既大胆又不至于过于冒险，才能让企业员工发挥价值、让企业抓住机遇，同时将风险程度控制在可处理的范围内，让企业处于良性运营状态。

二、用企业物联网理论解读冒进主义

依据企业物联网理论，冒进主义这一思维是指物联网的运行超越实际情况，其信息运行特点为：①平台对外部负面信息的感知不充分；②平台在某方面的需求非常强烈；③平台对信息的采纳和吸收过于乐观，常常采纳利于自身的信息，对负面信息的采纳不够充分。冒进主义思维使得物联网中的某个平台对自身能力的判断过高，依据不符合自身能力的判断处理事务。加上各个平台均有可能对信息的判断、对事务的决策盲目乐观、超越实际，当其中一个平台贪功冒进，而其他平台没有及时发挥感知和控制功能时，最终可能导致整个物联网均对自身的能力判断不切实际。

用企业物联网理论解读冒进主义，其信息运行闭环如图 6-13 所示。

以冒进主义思维运行的企业物联网，当整个物联网中至少有一个平台在企业技术、产能或其他能力方面未完全成熟时，不顾自身情况的短板进行该平台内部的运行，而其他平台出于自愿或被迫采取同样冒进行为，就会使整个企业物联网超过具体条件和实际情况运行。

对于由用户平台的冒进主义思维主导的企业物联网运行情况，这里以市场战略为例进行说明。若用户平台对外部环境不太了解、对自身掌控整个物联网的能力也判断错误，做出了急躁冒进地抢夺市场的战略决策，将影响整个物联网的运行。服务平台按照用户平台的需求收集相关有利于该决策的信息，并将用户平台的指令和要求传达到管理平台。假设该网中的管理平台内部有多个分平台，管理分平台 1（技术部门）认为企业的技术

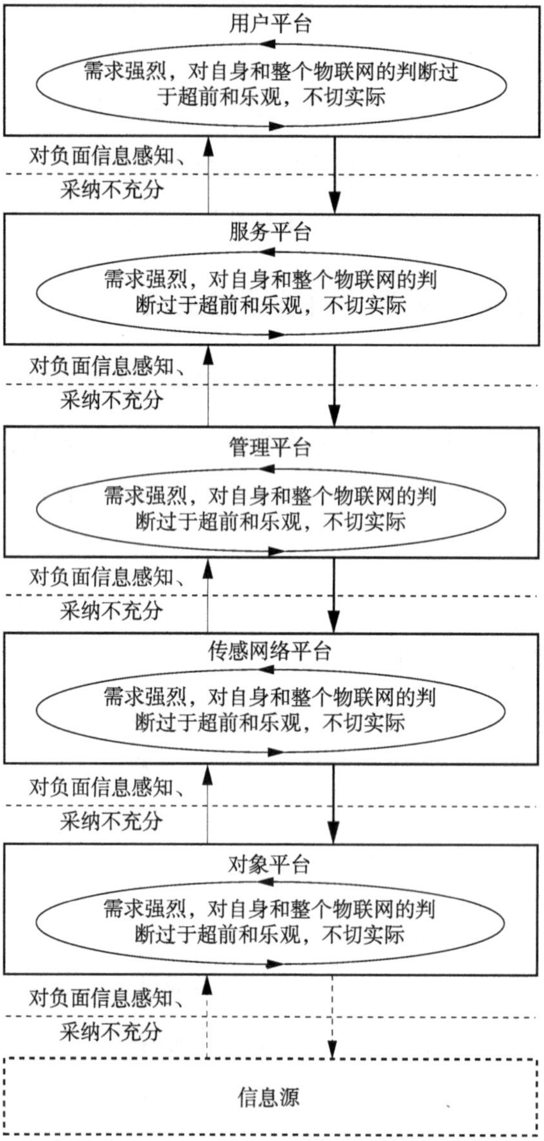

图 6-13　冒进主义的信息运行（超越了物联网实际情况的信息运行闭环）

水平已经获得了突破性进展、领先同行业了；管理分平台 2（品牌部门）认为抢占先机大力进行宣传，能够拓展产品和企业的品牌知名度；管理分平台 3（市场部门）根据已有的市场数据发现有的企业进行同类产品的研发失败了，且本企业还未进行充分的产品检测和试用，万一失败便容易损坏企业的名誉，因此认为用户平台的战略决策过于冒险，应当延后。如果管理分平台 3 的意见没有被服务平台和用户平台采纳，并且不得不妥协，只好配合并落实市场战略，传感网络平台传递这一信息给对象平台，对象平台按照战略执行任务，那么这个依据冒进主义思维运行的企业物联网便存在极大的风险，很可能会被破坏；如果管理分平台 3 的极力劝阻有效，其声音通过服务平台到达了用户平台，用户平台认真听取意见并转变了思路，便可以避免激进冒险的后果。

下面以合同业务为例说明管理平台的冒进主义思维对企业物联网运行情况的影响。在合同审阅业务物联网中，企业的业务执行者（合同获取者或经办人）处于对象平台，法务处于管理平台，法务的分管领导或者对该业务负责的其他上级领导处于用户平台。当法务个人因为贪功冒进，比如因极力想要促成一个大合同而忽视了合同中的一些漏洞，因审核的合同数量影响个人绩效而盲目自信、加快合同审阅速度，进而错判或疏忽了一些法律风险时，这些原因可能都会威胁到公司的法律安全。在这个合同审阅业务物联网中，管理平台属于法律方面最为专业的人员，对于整个业务物联网的运行情况具有关键性的作用；对象平台和用户平台可能无法识别合同条款中的疏漏之处，因而即使谨慎对待也很难做出其他决定，导致这个物联网将在管理平台的冒进主义思路推动下运行。

而在对外签订合同业务物联网中，负责起草和修改合同的员工（法务可能处于对象平台，也可能处于管理平台）居于对象平台，负责协商谈判和确立合同条款的是管理平台，决定是否签订合同的企业管理者居于用户平台。其对象平台可以是法务，对象平台采用冒险主义思维对待此项业务所带来的影响与上面的案例相似，都是对自身的法律判断和运用能力有着超前而不切实际的评估，做出冒进贪功的举动。当然，在对外签订合同业务物联网中，管理平台和用户平台也可能出现冒进失误，比如管理平台一味追求企业自身利益，提出了有损对方企业的条款，导致合作破裂；比如用户平台则是不顾谈判结果对企业自身有害的实际情况，不听取其他平台的建议，盲目地认为签订合同后有新的资金注入便是对企业有益处，进而冒险地签订合同。

总而言之，超越了各个平台已有的能力和物联网自身条件的运行，非但无效，还有可能产生较大的消极影响。

三、冒进主义问题的解决方式

要解决冒进主义思想作风所引起的问题，关键因素是改变冒险思维、充分认识风险。风险代表一种不确定性，是指对事件发生与否的不确定、对事件发生时间的不确定、对事件发生状况的不确定、对事件发生结果的不确定等[①]。冒进主义与风险识别具有密切联系，冒进主义者容易低估或误判风险的大小，从而加大风险。企业追求规模、追求发展速度无可非议，但一定要保持各个平台的协调和步调的适当，不能超越企业和行业发展的内在规律，否则就会令自身处于巨大的风险中，反而更容易落后。具体有如下两个解决方法。

第一个方法是让每个平台的内闭环运行都适度谨慎，根据自己的实际情况、工作要求、企业和市场的状况来因地制宜地开展各项工作，切忌脱离实际、超前发展。这就要求各个平台以全面的、发展的眼光看待事物，通过对内部资源和外部环境的综合考察来清晰地确定事务中所涉及的其他平台和相关方的资源优势与缺陷，了解自身与他人所面临的机会和挑战，从而在战略与战术两个层面加以调整，以保障自身和企业实现目标。如在现阶段还未打造出产品品牌，不适合直接在企业品牌或行业品牌的层次上做事，因此用户平台的决策不能过度超前，其他平台在无法落实这一战略

① 谢晓菲．企业管理人员的风险决策模式研究［J］．科学管理研究，1995（6）：27-31.

时不能不负责任地采取战术上的“迂回”策略，冒进地去做能力无法匹配的任务。

第二个方法是至少有一个平台要在职责范围内坚持较为正确的做法，传递安全有效的信息，当物联网中有一个或几个平台产生冒进思想时，应纠正其相邻平台的错误，以使物联网最终能够良好地运行。整个物联网的良好运行是基于五平台各司其职的前提，当物联网中的一些平台之间产生冲突时，应当服从于整个公司的利益，从而做出准确的判断。如上文提到的对外签订合同业务物联网和合同审阅业务物联网，当有平台冒进地提出一些条款或极力促成有损企业利益的合同时，分别居于对象平台和管理平台的业务执行人员（法务）都有责任和权力提出自己的合理建议甚至是反对意见，能够通过影响相邻平台最终改变用户平台的决策和对象平台必须执行的指令时，便是化解了一次冒进主义带来的巨大风险。当然，各个平台都有这样的权责，管理平台以自身的专业管理技能、用户平台以自身的眼界和能力来识别，也可以阻止物联网基于冒进主义思维的运行。

第十节 自由主义

一、自由主义的表现

日常生活中的自由主义通常是指一种自由放任、无组织、无纪律的错误思想倾向。

“自由”的最基本含义是由自己作主，不受限制和拘束。在中国古代思想里，“自由”就等于自然，“自然”是“自己如此”，“自由”是“由自己”，就是不受外力拘束的意思。但世界上不存在绝对的自由，所有的自由都是相对的，老子曰：“人法地，地法天，天法道，道法自然”，就是揭示人应该遵从天、地、道和自然的法则。如果一个人只顾及自己的自由，不顾及其他人的利益，就会脱离社会，违背自然规律，就是“绝对自由主义”，就难以生存。

在企业中，自由主义主要表现为违背公平公正原则，出现无组织、无纪律、滥用制度、滥用职权等行为现象，使企业内部人心涣散、缺乏积极向上的热情，最终损害企业利益，具体表现为：

个人主义突出，遇到问题不思考、不学习、不进步、不愿接受他人的正确指导，造成简单问题复杂化，微小问题扩大化，工作问题频发，长期得不到解决；

无组织、无原则，不能以身作则，发现问题不处理、不上报，任其发展；

对主要工作任务认识程度不够，不能抓住重点，分不清主次，舍本求末，舍大求小；

对自身认识不够，无法找准自身定位，滥用职权，总是做出超越自身权力和能力范围的事。

二、用企业物联网理论解读自由主义

自由主义在三体系物联网理论中的表现为物联网的各功能平台无法在信息运行时对自身的职权、能力有清晰的认知，无法判断工作的轻重缓急，不愿意接受物联网用户制定的物联网运行规则的约束，想怎么干就怎么干，将对整个物联网的运行造成严重不良影响。自由主义在物联网的 5 个功能平台中均普遍存在。

自由主义的信息运行如图 6-14 所示。

用户平台的职责包括主导物联网的组建，掌控物联网的运行，并向其他 4 个平台提供资源。用户平台自由主义现象包括在不了解对象具体情况的条件下向对象发出控制指令；在清楚了解对象情况的条件下不作决策，听之任之，给物联网运行造成破坏性影响；不考虑实际情况，提出不合理需求，强制安排工作，不提供资源，不协助解决工作中遇到的问题；等等。

服务平台的职责主要包括参与物联网，服务用户，为用户和管理平台传输物联网信息。服务平台存在的自由主义现象包括但不限于在无权限的情况下盲目决策；对超出能力的信息胡乱处理，使简单问题复杂化，微小问题扩大化；不愿虚心接受用户的正确指导和用户制定的物联网运行规则；对接收的信息不分析、不上报，任其发展；等等。

管理平台的职责包括参与物联网，并对物联网的运行进行统一管理。管理平台存在的自由主义现象包括但不限于不顾用户需求，滥用管理权

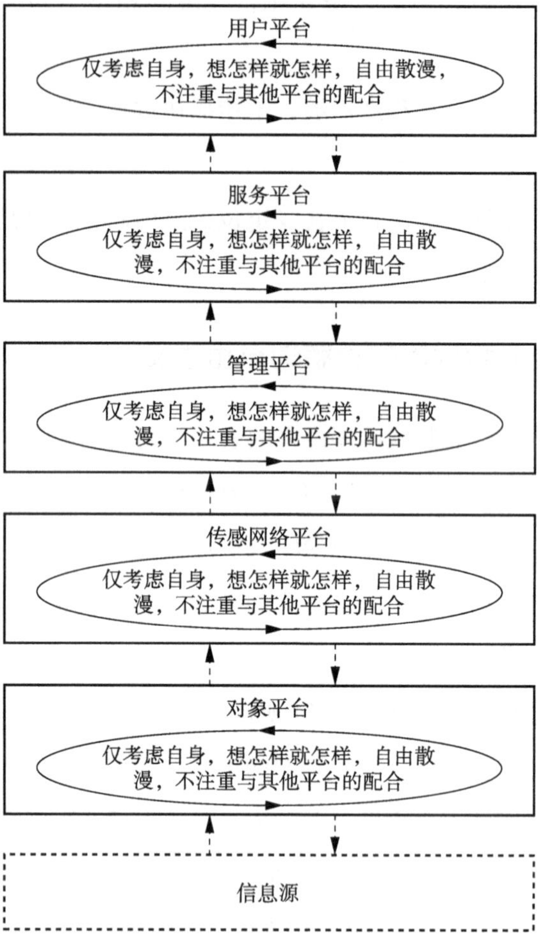

图 6-14　自由主义的信息运行

力，对物联网信息运行盲目指挥，造成信息传输错乱；在自己不擅长的领域不虚心、不思考、不学习、不进步；对信息的认知不够，不区分事项的轻重缓急，对信息处理无序，信息管理无章法可循；对接收的信息不处理、不上报，任其发展；等等。

传感网络平台的职责包括参与物联网，服从管理，为管理平台和对象平台传输物联网信息等。传感网络平台和服务平台由于职责的相似性，其存在的自由主义现象与服务平台基本相同，在此不再赘述。

在物联网中，对象平台的职责包括参与物联网、服从管理以及执行指令等。对象平台是物联网感知信息传输的发起者，也是控制信息的最终执行者，物联网运行的好坏不仅依赖于感知信息的真实性、准确性以及与用户需求的符合性，同时也依赖于控制信息执行的落实情况和执行的准确性，若对象平台出现自由主义，其对物联网运行效果的破坏则是毁灭性的，其影响远甚于其他功能平台自由主义的影响。其实在实际中，自由主义也最容易发生在对象平台。对象平台存在的自由主义现象包括但不限于不按用户需求生成感知信息；对处理能力之外的信息进行非专业筛选、分析和判断；不愿虚心接受用户的正确指导和用户制定的物联网运行规则；对生成的感知信息不处理、不上报，任其发展；拒不执行控制信息，或对控制信息执行结果、执行效果不反馈；等等。

三、自由主义问题的解决方式

对于企业员工而言，反对自由主义是个人自律的表现。反对自由主义，就是要有严明的组织纪律和严肃的工作态度，保证企业各项制度的权威性和严肃性，确保有令则行，有禁则止，只有从自身做起，企业才能不断发展。反对自由主义要求物联网的各个平台以全面的、发展的眼光看待事物，了解自身不足，认识自身存在的局限性；做事有章法、有约束；善于主动学习，了解自身的职权范围和组织纪律性；不逞强、不示弱，量力而行，以保障自身和企业目标的实现。同时，也要注意不能矫枉过正、过犹不及，以此规避前面提到的官僚主义和教条主义等。

跋

随着全球信息化、智能化的发展，一方面，信息技术席卷各个领域，不仅是企业管理，人类的各项管理都将趋向“智能型管理形态”，“人类的知识、智慧、技能在管理过程中的地位变得越发重要”，这就要求人们提高对信息的“加工能力”，通过“加工”实现信息的价值“增值”①；另一方面，信息技术中蕴含着哲学并且不断催生出适合时代发展的哲学，它具有从改变社会到改变世界、从改变世界到改变哲学世界观的功能，使人的实践方式随之“转型”，比如物联网的接口“从人机接口向脑机接口和知行接口的方向发展”②，“接口”具备了越来越抽象的形态、功能，乃至在将来具备哲学意涵。

信息技术与哲学相辅相成，这也是《物联网与企业管理》一书所探讨内容的一个必要基础，故而在新时代下，物联网不仅是一种技术，更是一种思维和世界观，对物联网的研究从方法论逐渐转向本体论，感知信息是认识世界的过程，控制信息则是改造世界的过程，物联网的感知与控制功能已将万物对世界的认识与改造整合起来。

将物联网理论运用于企业管理，新的管理知识和管理思维便大量涌现。本书提出了一种管理思维与“工具”——“物联网网址”，在企业物

---

① 刘云柏．人类一般管理哲学［M］．上海：上海人民出版社，2017.

② 肖峰．信息技术哲学［M］．广州：华南理工大学出版社，2016.

联网体系中寻址，是将企业中全体员工的各种能力、常识与权责进行合理配置，促进所有员工主体性、能动性等精神力量最大限度地合理发挥，避免企业管理的单向思维，减少企业中单向度的人。

物联网与企业管理的相辅相成，对于物联网的应用场景、解决方案探索以及企业的创新式管理和发展具有积极意义。特作《满江红·企业物联网结构》一词，描绘其意蕴及前景。

满江红·企业物联网结构

万物相联，物联网，贯穿企业。
令一统，依章行政，律行如铁。
八百职能凭体系，三千业务由心阅。
事平常，自组网常行，多关切。

缘万种，联网列。
行正道，平台设。
五彩缤纷里，增光添色。
为国为民图发展，含辛茹苦无停歇。
路漫漫，何处是归程？朝天阙。